読売新聞文化部［著］

食べものがたり

food story

人と風土が紡ぐ味

八坂書房

食べものがたり　目次

まえがき

「食べものがたり」は読売新聞日曜版で二〇〇八年四月から翌年末まで連載された。国内外で親しまれている食材や一次加工品が、その土地の自然や人と、どんなドラマを紡いできたかを探ろうとスタートした。紙面二ページを使い、フロントでは美しい写真とともに食と風土にまつわるストーリーを、続くページでは産地周辺のみどころや郷土料理などを旅情豊かに紹介した。日曜の朝にじっくり楽しめる読み物として、また旅の案内としても役立ててもらえたら、という願いを込めた企画である。

賞味期限改ざんや食品偽装事件などが世間を騒がせ、「食」への信頼が大きく揺らいでいたころ。だが、古今東西、生産者の多くは、おいしく健やかに味わってもらうために、手間ひまを惜しまず、愛情を込めてその食材を生み育てている。取材を通じて記者たちは、「ホンモノは、おいしい」ことを改めて舌で知り、その味をつなぐために、どれだけの努力が重ねられてきたかを心に刻んだ。

連載を本書にまとめるにあたり、連載九〇回分から厳選して五〇編を収容した。文章中の内容や肩書、年齢などは、基本的に当時のままで掲載した。本書を手に取り、日ごろ口にしている「食べもの」の背後に、あまたの「ものがたり」が秘められていることを感じてくださったらうれしい。

食べものがたり
food story

菜の花
ハチミツ
イチゴ
シイタケ
アオノリ
サワラ
カツオ
マダイ
イベリコ豚
チーズ
ジャガイモ
羊

春

春

菜の花

残したい日本の原風景

青森　横浜町

青空にうっすらと白い絹雲が流れ、緑の丘で風力発電の風車が、まるで巨人のおもちゃのようにゆったり回っている。目の前に広がるレモンイエローの花のじゅうたん。青森・下北半島の横浜町は、「菜の花の町」である。

昭和四〇年代には、作付面積で全国一の七五〇ヘクタールを記録し、菜の花による町おこしを図ってきた。一九九一年から毎年、五月の第三日曜日に開かれている「菜の花フェスティバル」は、畑の中に道を通した「菜の花迷路」が名物だ。

「昔は半農半漁の地域でね。菜の花は手間がかからないから、ずいぶん植えられた」。こう言うのは同町観光協会の杉山徹会長(57)。「種さえ秋にまいておけば、何もしなくても春になったら花が咲く。生命力が旺盛なんですよ」

「迷路」に咲く花の背丈は、一メートル五〇センチ余り。子どもなら頭まで隠れてしまう。「地力を吸うので、同じ土地で二年連続栽培できない」というのは、町おこし活動を続ける「菜の花トラストin横浜町」の宮桂子事務局長(56)。

遠目ではかれんだが、葉や茎、この地方でいう「ナバナ」は意外なほど太い。肉厚のナバナをおひたしにすると、シャキッとアスパラガスのような歯ごたえがある。

宮さんは、この町で育った菜の花から、菜種油「黄色い畑の贈りもの」を作っている。「地中海周辺の人々がオリーブオイルで育ってきたように、日本人は昔から料理に菜種油を使ってきた。私たちの体には一番合うはず」という。

大量流通の菜種油は、一つのタネを五回も六回も搾って作るが、ここ

一面に広がる菜の花畑。明るい黄色の花が見る人の心を和ます（青森・横浜町で）

で使うのは「一番搾り」だけ。九〇グラムで八四〇円と、かなり割高だが、とろり甘くて香ばしい。

「おいしい、と評判は上々なんですけど、生産量が増やせない」のが宮さんの悩みだ。国内の菜の花の作付面積は年々減少傾向にある。外国産の安いナタネに押され、植えても植えても農家にもうけが出ないからだ。

「菜種油の自給率は〇・〇三パーセント。国は、ナタネは国内で作らなくてもいい、と言うんでしょうか。トラストではなるべく高く買い入れるつもりですが、今後もどれだけの量が確保できるのか、なかなか見通しがつきません」

菜の花畠に　入り日薄れ

唱歌「朧月夜《おぼろ》」に歌われる広大な眺め。そんな〝日本人の原風景〟も、今や存続の危機にある。

潮風を疾走する一両

下北半島は西側に刃を向けた斧《おの》の形にたとえられる。柄の左側、真ん中あたりにあるのが横浜町だ。そして、その横浜町を中間地点として、柄の付け根から金属の刃を取り付ける部分あたりまでを走っているのが、「本州最北端の鉄道」のＪＲ大湊線だ。

終点・大湊駅のあるむつ市の港湾開発を念頭に作られた。一九二一年に開通し、二〇〇八年五月当時の運行本数は、上下併せて一日一八本。一一ある駅のうち七つが無人。ひなびたローカル鉄道だ。始発駅の野辺地は、江戸時代からの港町である。「もともとはこのあたりで伐採されたヒバなどの木材を、北陸方面へ運んでいたようです。蝦夷地《えぞち》から日本海側を回って京・大阪へ至る『西回り航路』に組み込まれて、港が大きく発展した」と、野辺地町立歴史民俗資料館の駒井知広館長補佐。当時の空気を今に伝えるのが、北野辺地駅近くにあるミニ灯台「常夜燈」。大きな石灯籠《どうろう》の中にともされたあかりは、航海の目印となり、沖合からもよく見えたものだという。

左手に海、右手には雑木林や畑。キハ一〇〇系のワンマンカーは、潮風を浴びながら疾走する。最高速度は八五キロ。一両編成で、まるでおもちゃのチョロＱのようだ。野辺地から三〇分ほどで、黄色い花に彩られたパステルカラーの小さな駅、陸奥横浜にたどり着いた。親子連れでにぎわう「菜の花フェスティバル」の会場は、そこから車で一〇分ばかり走ったところにある。

春は、菜の花目当ての観光客でいっぱいだ。菜の花ラーメン、菜の花

「菜の花ドーナツ」は、軽くて香ばしい

ソフト、菜の花かりんとう……。駅近くの「菜の花プラザ」には、地元開発の特産品が並ぶ。一番人気の菜の花ドーナツは、最盛期で一日二〇〇〇個を売り上げる。

「最近の自信作は『菜の花しょうちゅう』。麦こうじと油を取ったしぼりかすを混ぜて、こたつの中に入れておいたら、偶然、うまく出来たんだよ。ナッツみたいな香ばしさがあって、評判も上々だね」。観光協会の杉山徹会長は目を細める。

海産物も絶品

陸奥湾は海産物の宝庫。「甘くておいしい」（杉山会長）と胸を張るホタテ貝、「ここで採れたものが値段の指標になる」（同）というナマコが特産品だ。

むつ市の名物は、近海のイカをゆで、その胴に野菜を詰め込んで、全体を浅く漬けた「いかずし」。

陸奥横浜の駅の周辺、一面の菜の花畑の近くを通る時、列車は五〇～六〇キロまで速度を落とす。花を楽しんで欲しいというＪＲの配慮だ。

列車の最大の敵は海からの風。特に一一月から三月にかけては、秒速二五メートルを超える強風が始終吹き、三〇日～五〇日は運休せざるを得ないという。防風林を植えれば多少は風を防げるが、それでは列車から見える広大な海の景観が台無しになる。

歴史の町から菜の花の名所を抜け、海の幸に舌鼓を打つ。全長五八・四キロ。大湊線周辺にある多様な個性。さらに西の向こうには、〃秘境〃恐山も控えている。

ほとんどが一両編成の大湊線（陸奥横浜駅付近で）

春

ハチミツ

蜂とともに蜜を求めて

岐阜　大垣市

今でこそ、さまざまな植物から採れたハチミツが品種別に専門店の棚を彩るけれど、少し前までは、ハチミツの蜜源として名が挙がるのはアカシア、トチなど少数の花に限られていた。中でも高級品とされてきたのがレンゲ。田に咲くピンクの花は、全国の春の風物詩だった。

大垣市の春は、そのレンゲのハチミツの採取時期だ。

郊外に広がる田園の隅の小さな広場。二段重ねの木箱が三十数箱も並び、低いうなりを立てて、周囲を無数の蜂が飛び回る。一箱あたりに出入りする数は約五万匹に上る。

蜂たちは、近くのレンゲ畑に飛んでは蜜を集める。オレンジ色の花粉を団子状に固め、足に付けて持ち帰る蜂もいる。蜜も花粉も幼虫を育てる大事な食料だ。

「花から蜜がよく出る日には、たくさん吸った蜂が、よたよたと重そうに飛んでいますよ」。養蜂家の種田《おいだ》敏徳さん(46)が笑う。

種田さんは、巣箱のフタをそっと開け、燻煙《くんえん》器の煙で蜂を落ち着かせて、蜂が両面に巣を作った巣脾《すひ》枠を取り出す。びっしり付いた蜂を振り落とすと、たっぷりとたまった蜜が陽光に輝いた。枠を遠心分離器にかけると、透明感があり、品のいい香りのまろやかなハチミツが流れ落ち

巣箱から巣脾枠を取り出す種田敏徳さん。周囲には飛び交う蜂の羽音が低く響く

る。

種田養蜂場を始めたのは父の敏英さん（83）。戦時中、手に入りにくくなった甘味を求めて蜂を飼い始め、「働き蜂が勤勉に働く懸命な姿に魅せられて」、そのまま戦後は本業にした。種田さんも大学を卒業して以来、養蜂一筋だ。

国内市場の大半を中国産が占めるハチミツだが、近年は国産品への評価が高まっている。「最近は、他の仕事をしていた息子さんが帰ってきて後を継ぐ養蜂家が増えてきた」と種田さん。

レンゲの花が散ると、種田さんは蜜源となる花を求めて北へ向かう。五月下旬は県北部でトチの蜜。夏には三か月近く北海道に滞在し、白花豆やソバの蜜。蜂と人が一緒に蜜を追う、長い旅が始まる。

レンゲ、養蜂支える県花

町のあちこちに自噴する井戸がある水の町・大垣。川の水運でも栄え、桑名へ便が出た水門《すいもん》川の船町港は、松尾芭蕉が「奥の細道」の旅を終えた場所でもある。春は市街地に街路樹のハナミズキが咲き、郊外ではレンゲの花が美しい。

芭蕉が「奥の細道」の旅を終え、
桑名に旅立った水門川の船町港跡

レンゲは岐阜の県花だ。全国で、伝統的に水田の緑肥としても利用されてきた。秋に種をまき、花が咲いた後は、そのまま田にすき込まれてコメの肥料となった。

戦後、化学肥料の普及によって減少したが、近年は伝統農法を見直す機運もある。大垣市内では約四〇〇ヘクタールの田にレンゲがまかれ、「レンゲ米」というブランド米が作られている。四月下旬、一斉に開花すると、ピンクのじゅうたんのようだ。

しかし今、レンゲは危機に直面している。県内の大手、小森養蜂場（大野町）の小森太平さん（31）は、「二〇年前に比べると、採れるハチミツの量は三〇分の一くらい」と話す。

激減の原因は害虫だ。アルファルファタコゾウムシという外来種が近年、全国に広まった。ハチミツを採

レンゲの花から蜜を集めるミツバチ

るため農薬を使うこともできない。

県養蜂組合連合会の古沢幸久事務局長は、「レンゲが減って廃業した養蜂家もいる。岐阜は日本の近代養蜂を先導した県で、レンゲのハチミツは評価が高かったのですが」と表情を曇らせる。種をまく時期を変えるなどの対策が試されているが、復活する日は来るだろうか。

脚光あびるミツバチ

ミツバチは、花から蜜を集めると同時に、植物を受粉させ、結果的に実を実らせる。二〇〇九年春、イチゴなどのハウス栽培で受粉に用いるミツバチが各地で不足したことで、その役割がにわかに注目を集めた。

ハチミツ製品を扱う秋田屋本店（岐阜市）は、ミツバチを用いた受粉（ポリネーション）向けに蜂を販売する大手でもある。全国に出荷し、イチゴ、メロン、スイカ、ナス、リンゴなど多くの野菜や果物の受粉に、岐阜の蜂が寄与している。

「蜂は作物をよく実らせる専門家なんです」と養蜂部の丹羽康徳課長。「蜂不足はダニや農薬、豪州からの女王蜂輸入停止、養蜂家の後継者難などの理由が重なった」という。

巣箱に集められた新鮮なハチミツ

一方、個人で養蜂を楽しむ愛好家は増えつつある。秋田屋本店でも、巣箱などの養蜂用具一式と一万匹以上の種蜂のセットを販売しているが、「今年は新たに飼いたいという人が急増して、予定分はほぼ完売です」（丹羽課長）。定年を機に新しく趣味として始めたい、という人が多いという。「愛好者が増えることで、養蜂家さんが減る分を補えたら、という狙いもあります」と同社の北野孝司常務は話す。ただし、飼育場所などを規制している自治体もあるので注意が必要だ。

養蜂は、環境と密接な関係にある。開発が進んで花が減れば蜜が採れないし、蜂は農薬に弱い。養蜂愛好家の存在は、周囲の環境のバロメーターになるのかも知れない。

栃木　真岡市

春 イチゴ

新品種予備軍、ずらり

予想以上にしつこく、甘ったるい香りがハウス中に立ち込める。宇都宮市から南に二〇キロ、栃木市の県農業試験場栃木分場に二〇〇八年一〇月、「いちご研究所」が開所した。

「きょうはもう五〇〇個ぐらい食べました」。試験品種の栽培棟で、研究員の直井昌彦さん(31)が黙々と実を摘んではかじり、記録紙に数字を書き込む。足元のバケツには、味見済みの実がぎっしり。濃厚な香りの源はこれだ。

ここでは植木正明さん(46)ら六人が、県産の九九パーセントを占める主力品種「とちおとめ」の後継品種開発に取り組む。「多いときで一日一〇〇〇個。よく『イチゴが食べられていいですね』と言われますけど、毎日になると……」と植木さんは苦笑いする。

試作品を味見してみた。見た目は赤くても、水っぽくて味がなかったり、酸っぱすぎたり。なるほど、これはつらい。

栃木県の二〇〇七年産イチゴ収穫量は三万九〇〇〇トンと、四〇年連続で日本一。特に、茨城県に接する真岡《もおか》市は生産の中心地だ。

品種改良の積み重ねが日本一を支えてきた。一九八五年に同試験場で生み出された「女峰《にょほう》」が長らく主力だったが、九六年に誕生したとちおとめは、たちまちこれに取って代わる。粒は大きく、きれいな円すい形。甘いだけではない。程良い酸味もあり、みずみずしい香りが口いっぱいに広がる。

県外でも、関東・東海地方を中心に栽培が広がり、品種別の生産量は全国の三割とトップだ。

後継品種の開発を急ぐのは、とちおとめの品種登録期間が二〇一一年

イチゴ農家のビニールハウスに明かりがともる。生育を盛んにするための方法（真岡市で）

に切れ、国内外で自由に生産できるようになるから。「出来て一〇年がたち、年々目新しさがなくなってきている」（植木さん）。より良い味は無論のこと、傷みにくく、病気に強い品種を目指す。

二〇〇九年は交配から生まれた試験品種一万四〇〇〇株を植えた。選抜を繰り返し、四年目には一～三株に絞り込む。それまでひたすら味見をする毎日だ。「たくさん植えたからといって、品種ができる保証はない。終わりのない仕事です」

とちおとめが誕生するまでにも四、五万株の試作品がふるい落とされた。「味の良さではまだまだ評価が高い」と植木さんは力を込める。超える品種がなかなか現れないのは、それだけ完成度が高い証拠でもあるのだ。

より甘く、より大きく

　午後五時四〇分、眼下のビニールハウス八棟の明かりが一斉にともった。ハウスの丸い背を、だいだい色の光が内側からぼうと照らし出す。さっきまで北西にかすんでいた男体山は、もう闇に沈んで見えない。見回すと、四方に点在するハウスの明かりが、暗い平野にいくつも浮かんでいる。

　夜間に明かりをつけるのは、日照時間を長くしてイチゴの生育を盛んにするため。一一月から五月までの収穫期のうち、三月上旬まではこの光景が見られる。JAはが野・いちご部会会長を務める真岡市の舘野義明さん（62）は「うまいイチゴ作りには、光と水、肥料、温度の管理が一番大事。管理の仕方で品質がガラッと変わっちゃうから」と語る。

とちおとめを収穫する舘野さん（真岡市で）

　計六四アールのハウス二〇棟がある舘野さん宅では、毎朝八時前から、舘野さん夫婦、長男夫婦、パート二人の六人が収穫に励む。色づいた実を選んで摘んでいけば、手押し車に載せたカゴはたちまち赤一色に埋まる。

　舘野さんがイチゴを作り始めたのは、この地域で栽培が始まって間もない一九六六年。米農家だった父が亡くなったため、高校卒業後すぐに後を継いだ。米作の傍ら、三アールの畑でアメリカ由来のダナー種を育てることから出発。より甘く、大きくなっていく品種改良の歴史を目の当たりにしてきた。「女峰より実が大きく、複雑で微妙な味わいがあっ

とちおとめを使った贅沢なお酒「とちおとめカクテル」。地元の「宇都宮カクテル倶楽部」（http://www.ucclub.net/）加盟店で楽しめる

た」と、とちおとめとの出合いを語る。

「管理しているときは無我夢中ですが、収穫できたときの喜びは口では言えない」。つややかな実を、舘野さんは満足げに眺める。

「甘ーい」「おいしい」。家族連れやカップルが歓声を上げる。真岡の隣、益子町。JAはが野の益子観光いちご団地には一一三棟のハウスが並び、イチゴ狩りを楽しむ観光客が引きも切らない。「お客さんと触れ合えるのがうれしいですね」。摘み方を客に教えていた農家の二代目、宮崎隆之さん(26)はほほ笑む。

素朴さ魅力、益子焼

益子といえば、益子焼で知られる陶芸の里でもある。中心街の城内坂には、数十軒の陶器店が軒を連ねる。皿、湯飲み、急須、おちょこ……。店先を眺めて歩くだけでも楽しい。

創業一四五年、最大手の窯元「つかもと」の工場を訪ねた。焼成を控えた器が並ぶ窯場で、製造部係長の関教寿《のりひさ》さん(34)は「益子焼の魅力は、素朴さと土の温かみ」と語る。群馬県・横川の「峠の釜めし」の器も、ここで作られているそうだ。

益子焼の名を世に知らしめたのは、柳宗悦、河井寛次郎らとともに民芸運動を担い、一九二四年に益子に居を移した陶芸家・浜田庄司。町外れの丘に立つ「益子参考館」には浜田の旧邸が残り、浜田が世界各地で収集した工芸品が展示されている。

かやぶき屋根のどっしりした母屋は、浜田が移り住んだ頃ののどかな里をしのばせる。城内坂のにぎわいから離れ、木漏れ日が揺れる邸内はどこまでも静かだった。

益子焼の窯元にある見学用の登り窯。3～5日間、まきをたき続ける。現在はガス窯が主流だ(益子町の「つかもと」で)

大分　豊後大野市

春

シイタケ　美しき生命力、人間と同じ

「美しいシイタケ」。小野九洲男《くすお》さん(72)の口からは、何度もこの言葉が聞かれた。栽培歴四〇年、全国乾椎茸《ほしいたけ》品評会で最高賞を一〇回も受賞した名人。誰が作っても同じ、というわけではないらしい。

　風が吹くたび、見上げる杉の幹が揺れ、こずえがさわさわと鳴る。目を落とせば、高さ一メートルの丸太が見渡す限りびっしり立ち並ぶ。シイタケを育てるためのクヌギの「ほだ木」だ。その数四万本。天をつく杉と、そのミニチュアのようなほだ木の対比が面白い。

　標高五六〇メートルの山中にある薄暗い「ほだ場」で、小野さんはカゴを手に収穫を急ぐ。「春は一回でも収穫が遅れると、せっかく出来てるやつが最後まで開ききってしまう。一番いいときに採らんと」。「朝、昼、晩、一日に何回も足を運ぶ」のが美しいシイタケを作る一番の秘訣《ひけつ》だ。

　雨にぬらさないようにするなど、細やかな気配りも欠かせない。「水分で太ったのは味が落ちるし、乾燥するとぺっちゃんこになる」という。

　大分県は干しシイタケの生産量が日本一。寒暖の差が激しく霧が多い気候は栽培に最適で、二〇〇七年は一三〇九トンと、全国の三七パーセントを占めた。

　カサが丸く盛り上がり、亀甲状に白いひびが入ったものほど高級品とされる。二センチ近い厚さの肉をか

シイタケを収穫する小野さん。杉林の中に、ほだ木の列がどこまでも続く(豊後大野市で)

めば香り高く、プリッとした歯切れの良さはアワビにも似ている。

「これは四歳。もう古くなっちょる」と小野さんが手に取った、菌を植えて四年目のほだ木を触ってみて驚いた。指先で軽くつかんだだけで、樹皮がぼろぼろに崩れ落ちる。片手で簡単に持ち上がるぐらい軽い。木の養分がすっかり吸い尽くされた証拠だ。「ほだ木の栄養をたんまり吸って、その分おいしくなる」

原木にドリルで穴を開けて菌を植え、キノコがやっと生えてくるのは梅雨を二回越してから。いわば、一生の最後に咲く花のようなものだ。「ぬくい朝に見ると、開ききったシイタケから真っ白の胞子が出るのがわかる。キノコにも寿命がある。人間と同じ」。その生命力は確かに美しい。

清水わき出る城下町

　大相撲ファンならば、優勝力士に贈られる「ＯＳＫ杯」に見覚えがあるかもしれない。透明な円筒形の優勝杯に、干しシイタケがいっぱい詰まっているあれだ。「ＯＳＫ」は、同杯を一九七九年以来、毎場所贈呈している大分県椎茸農業協同組合の頭文字。県産干しシイタケの約半分は同農協を通じて出荷される。

　大分市の同農協で杯の実物を見せてもらった。中にはどれくらいの量が入っているのだろうか。「一二キログらい」と同農協参与の久々宮《くぐみや》栄次さん（60）。「相撲部屋でちゃんこ鍋に入れれば、あっという間になくなるんでしょうけどね」。特大のシイタケを、力士たちが汗をかきながらハフハフとほおばる姿が目に浮かぶ。

　その優勝杯授与の写真をパッケージにあしらった「豊後きのこカレー」は、同農協の思わぬヒット商品となった。二〇〇七年、テレビ番組のご当地レトルトカレー食べ比べで二位に選ばれたのをきっかけに、一時は在庫切れになるほど注文が殺到。ごろごろ入っている小ぶりのシイタケは、思いのほかカレーに合う。

　大分シイタケは海外にも進出しようとしている。同農協は〇八年、タイで試食イベントを開き、最高級品に限りデパートなどで富裕層向けに販売した。日本円にして、何と一個一〇〇〇円。「高級品にふさわしい価格で売ることで、生産者の意欲を喚起したい」と久々宮さんは語る。

　豊後大野から一足延ばせば、岡城跡で知られる竹田市まではすぐだ。切り立ったがけに四方を囲まれた城下町の周囲は、豊富なわき水に恵まれた里でもある。町外れには五つほどの湧水《ゆうすい》が点在し、一日六～七万トンもの水がわき出るという。

竹田市内には石橋も多い。明正井路橋は 1919 年（大正 8 年）完成の水路橋だ

中心街から車で一五分ほどの河宇《かわう》田《だ》湧水は連日、ポリタンクやペットボトル持参で水をくみに来る人でにぎわう。大分市や臼杵市、遠くは福岡市からも車でやってくる。一度に二〇〇リットル以上くんでいく人も。月一回、大分市から来るという高橋一男さん（70）は、「ご飯を炊くのにも、コーヒーやお茶にも使う。塩素のにおいがする水道水とは違う」と車にタンクをいくつも積み込んでいた。

竹田市の湧水群のひとつ、長小野湧水

　近くには、湧水を利用してエノハ（ヤマメ）やマスを養殖し、魚料理を味わえる店もあった。「入田エノハ場」の井野昌子さん（57）は「泥の臭みもないし、身がきれいなんですよ」と太鼓判を押す。

　県道から少しそれたところにある長小野《ながおの》湧水までは、さすがに足を運ぶ人は少ない。鳥居をくぐって、暗い林の中の小道を歩く。両側の斜面に並ぶほだ木に出迎えられた。こんなところでも、シイタケを作っているのか……。

　ほおをなでるひんやりとした空気に顔を上げると、小さなほこらに覆いかぶさるようながけから、水が幾筋も、白糸のようにほとばしり出ている。竹の樋《とい》からこぼれるのを両手で受け、口に含む。くせのない澄みきった水がのどを滑った。

原木どんこ寿し。肉厚のシイタケを丸ごと味わえる太巻きずし

春

アオノリ　清流に波打つ「緑髪」

日に焼けた肌に鋭い眼光、口元は一文字。「漁ならだれにも負けん」と胸を張る。四万十川で伝統漁を守る秋森貞猪《さだい》さん（79）は見るからに「いごっそう」である。「いごっそう」とは、一本気な土佐の男の気質を表す方言だ。

下流域の高知県四万十市で生まれ育ち、古里を離れて運送業や建設業に携わったが、トンネル事故での負傷をきっかけに、四二歳で帰郷。見よう見まねで川漁師になった。アユもウナギも取るが、今の季節はアオノリだ。

四万十川は、お好み焼きやふりかけに欠かせない天然アオノリの収穫で日本一。スジアオノリという種類で、冬から春にかけ、淡水と海水が混じる汽水域で育つ。繊維が細く、色鮮やかで風味があり、乾物は一キロあたり一万円の高値にもなる。だが、水量、塩分濃度、水温などが適さないと収穫できる四〇～五〇センチまで伸びない。漁の時期は短く、約二〇〇人の漁師たちが家族総出の作業となる。

「なっちょるがや」「まっこと」。干潮時、秋森さんは胴長を履き、妻や仲間と、河口から五キロ上流の水に入った。川底で緑色のアオノリが女性の髪のように豊かに波打つ。クシ形のかぎが付いた棒でなでるようにかぎ取って石やゴミを取り除き、河原で一日、天日干しにする。「昔は一日で一〇キロ・グラムは取った」と秋森さん。

乾燥させたアオノリを軽く火にあぶって熱々のご飯にのせてしょうゆを垂らせば、口の中でほろほろと溶け、潮の香りにどこか澄んだ草のにおいも混じる。地元ではみそ汁やモチに入れたり、天ぷらにしたりするという。

実はここ三年、アオノリの収穫

四万十川の川辺で早朝、アオノリを干す女性たち。鮮やかな緑のカーテンは早春の風物詩だ

は例年の五分の一の三トンほどに落ち込んでいた。だが、今年は「何とか一〇トン以上に戻しそう」と、四万十川下流漁協の沖階吉《かいきち》組合長(78)は胸をなで下ろす。

自身も、大学を出て大阪でミシンメーカーに勤めていたが、五十代で帰ってきた。品質管理や価格競争の経験が、今の役目に生きているという。それだけに、清流ブームには苦言を呈する。

「役人は観光にばかり力を入れるが、林業や炭焼きが廃れて森が荒れ、川に養分が流れていない。天然の漁ができる環境を大事にせんと、本物の清流とは言わん」

頑固で一筋縄でいかないが、うそが嫌いできっと人を裏切ることもない。最後の清流・四万十は、いごっそうとよく似ている。

水辺をかつての姿に

「四万十はきれいになりすぎたんではないでしょうか」。アオノリの減少について、海藻の研究で知られる高知大学名誉教授の大野正夫さん(68)が言う。

アオノリを取る川漁師の秋森貞猪さん

高知県西部を大きく蛇行して流れる全長一九六キロの四万十川は、本流に大規模なダムがないことから「最後の清流」といわれる。蕩々《とうとう》とした流れは豊かな生命を育み、古くからアユ、ウナギ、テナガエビ、ゴリ（ハゼ類の小魚）などの漁が盛んだ。だが、それらがみな減少傾向にある。

中山間地の田畑が減り、下水道の整備や護岸工事も施された。「以前は人とのかかわりや洪水によって運ばれてきた川の〝肥料〟が、足りなくなっています」

大野さんの研究を引き継ぐ同大准教授の平岡雅規《まさのり》さん（41）は、温暖化の影響も指摘する。「四万十のアオノリの不漁時期は、三〇〇キロ離れた和歌山県の古座川と完全に同調している。共に太平洋に流れる川。黒潮の水温変動と関係があるはずです」。四万十市から依頼を受けて、流域でアオノリの生息状況を調べ、養殖の可能性を探る。

地元の自然保護団体「トンボと自然を考える会」常務理事の杉村光俊さん（53）は、開発と温暖化の双方を深刻に受け止めている。「いるべきはずの生き物は減っているのに、川全体では魚類の種類が一〇年前の

うな重は弾力のある野趣あふれる味。四万十屋（☎ 0880・36・2828）などで味わえる

一二〇種から二〇〇種近くに増えている。砂利採取で河床が下がり、海水が上流まで流れ込むようになったことで、海の魚が入り込んできている」

　杉村さんは、かつての水辺の環境を取り戻そうと取り組んでいる。市などに支援を呼びかけ、下流域で耕作放棄された谷地田を復元し、一九八八年にトンボ自然公園を作った。現在も整備と管理を続け、約六ヘクタールに六〇種のトンボが生息するまでになった。池を手入れする若いスタッフのきびきびした姿に活動の実りを感じた。敷地内には四万十の川魚を集めた水族館もある。

　四万十川では、風景を楽しみながら川を下る屋形船が観光客の人気を集める。夏ともなれば、水運が盛んだったころをしのばせる帆掛け船「舟母《せんば》」も登場する。

四万十川の沈下橋の中で最も下流にかかる「佐田沈下橋」

　下流で営業する「さこや」の屋形船に乗った。四万十名物の、欄干のない「沈下橋」を二つくぐる一時間ほどのコース。漁師でもある船頭の荒地《あれち》秀明さん（43）と話が弾む。川漁師の家庭に生まれ、東京の大学を出て会社勤めをしていたが、「自然の中で子供を育てたい」と故郷に戻り、「さこや」を始めた。夏場は投網をして見せるという。
　うららと暖かい早春の光の中、川風を感じながら船に揺られる。川辺には菜の花やピンクのイワツツジ。荒地さんがふと、こぐ手を休め、「聞こえますか？」。耳を澄ませば、カジカの鳴く声だった。のどかで豊かな時間が、いつまでも続いてくれたら、と願った。

岡山　備前市日生町

春

サワラ　桜が散ると瀬戸内に「春」

魚偏に春。サワラは文字通り、瀬戸内に春を告げる魚だ。サバ科の回遊魚だが、桜が終わるころ、産卵のため群れをなして外海から入り込む。海面が盛り上がるほどの勇壮な様を、地元では「魚島《うおじま》」と呼んだ。とりわけ岡山県人にとっては特別な魚らしい。

食通で知られた岡山市生まれの作家・内田《うちだ》百閒《ひゃっけん》は随筆集「御馳走帖」の中で、太平洋戦争末期の一九四四年、〈段々食ベルモノガ無クナッタノデセメテ記憶ノ中カラウマイ物食ベタイ物ノ名前ダケデモ探シ出シテ見ヨウト〉連ねた目録の筆頭に〈さはら刺身 生姜醤油〉を挙げている。だが、県外では、刺し身どころか知っているのは西京焼きくらい。なぜ彼らはサワラを好むのだろう?

郷土料理研究家で、岡山駅近くで「福寿司」を営む窪田清一さん(70)に聞くと、「三つの川が流れ込む岡山県沿岸は栄養豊富で産卵に最適。でも東から西から大量に押し寄せるサワラは足も早い。取れたてを地元で消費せざるを得なかったんです」。

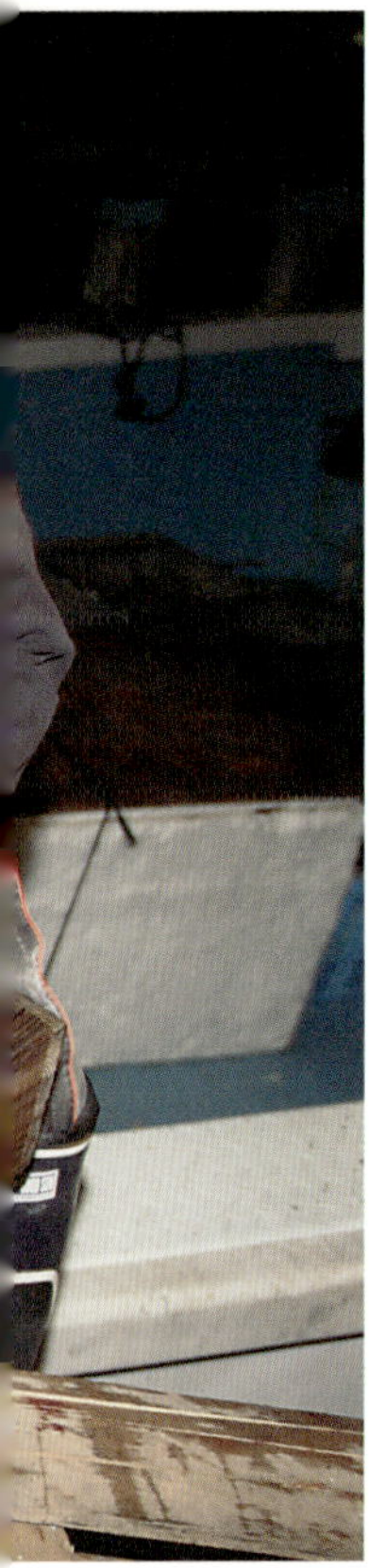

鎌倉時代の古文書中の献立にすでに「刺し身」があり、岡山名物の豪華なちらしずし「ばらずし」の具にも酢じめが欠かせない。

「肉質が豊かでうまみがあるから厚く切って食べるに限ります」。しっとりとつやのある薄桃色の刺し身は、ごく柔らかな食感。トロッと溶けて後からさっぱりと品のいい脂がやっ

四月下旬の未明、初漁から漁船が帰ってきた（岡山県備前市の日生漁港で）

てくる。なるほど、このうまさは忘れがたい。

最近は乱獲や沿岸開発の影響で県内の漁獲高は年約二〇トンと、二〇年前の一〇分の一以下に激減。魚島も見られなくなった。とはいえ岡山市中央卸売市場には全国のサワラが集められ、取扱量は年間一八〇〇トン超と全国一。大半を岡山県内で消費する。卸売業者は「春だけでなく一年中サワラが楽しめます」と胸を張る。

豊かな土地柄で、商いにたけるとされる岡山県人。だが、その飽食と商才が、春を待つ喜びを失わせはしないか、心配になる。

もっとも、そんな言い分は、うまいサワラを食べられない県外の人間のひがみと、すぐに見抜かれそうだけれど。

端麗、繊細漁師の「恋人」

「まるで恋人に会いに行くような感じ」。岡山県東端の備前市日生《ひなせ》漁港で代々漁業を営む奥橋建造さん(55)は、サワラ漁初日の浮き立つ気持ちをそう表現する。その日取れたのはわずかだったが、「また会えた」と顔をほころばせる。いくら一年中食べられる時代になっても、ここでは今も春はサワラの季節だ。

漁期は四月下旬から六月。夕方出漁した漁船は播磨灘に向かい、流し網でサワラがかかるのを待つ。午前一時ごろから港に次々帰港すると、漁師たちは船の保冷庫から両手でサワラを持ち、手早くトロ箱に移していく。高速で泳ぐ回遊魚は、網に突き刺さった瞬間に絶命する。柔らかな身は傷みやすいので、漁師たちは「赤ちゃんを抱くように」サワラを大事に扱うという。

サワラは大きいもので体長一メートル、五～六キロにもなる。すらりとした背は青みがかった銀色で、ところどころに黒い斑点。ビー玉のような黒目もつややかだ。美しい姿を見ていると、奥橋さんの言葉にもうなずける。初日は五隻の船で五〇匹。最近ではまずまずの結果だという。

のどかな日生の海。カキの養殖用いかだが浮かび、向こうには小豆島が見える

古くから「日生千軒漁師町」と言われ、漁業と海運業が盛んな日生町は、山が迫る小さな港町と、瀬戸内に浮かぶ大小一三の日生諸島からなる。サワラ漁では県を代表する港で、江戸時代には漁の技術が確立された。「漁師たちは紀州や九州まで出漁し、明治時代には朝鮮半島に滞在して操業していたんですよ」と、日生町漁業協同組合の参事、天倉辰己《あまくらたつみ》さん(47)も誇らしげだ。

だが、二〇年ほど前まで一隻が一日一〇〇匹は取れた春漁も、今では漁期全体で一二〇〇匹程度。江戸末期に三〇〇隻あったサワラ漁船も八隻に減った。組合は一〇年から、幼魚も取れる秋漁をやめているほか、網の目を大きくし、稚魚や受精卵を放流する資源保護活動に取り組む。

漁が始まれば、町中がサワラ一色になる。「魅力は味じゃろな。何とも言われん、ほしゅうなる。姿がえぇし、おろしてみたら、きれいな身をしとる」。熱く語るのは料理屋「みやけ」の大将、三宅恭二さん(63)。漁師町独特のサワラ料理を出してくれる。

日生名物のアオサギ。おこぼれをねらって漁港を我が物顔で行き来する

酢じめとたくあん、エンドウ豆をのせた春らしい彩りの「こうこずし」に、砂糖としょうゆ、酒を煮立たせた熱々の汁に旬のタマネギとともにくぐらせる「炒《い》り焼き」。とりわけ自慢は二〇年以上前に自身が考案したという「たたき」だ。

外側だけあぶった刺し身を、刻みネギをかけてポン酢しょうゆでいただく。皮はカリッと香ばしく、くさみのない脂に何ともいえないコクがある。「死ぬまでサワラで通そうと思っとる。サワラいう魚が好きなんじゃ」と、三宅さんが笑う。

港近くの小高い山に登り、新緑に包まれた頂上の公園から海を見下ろした。遠くに小豆島が見え、小島がぽっかり浮かんでいる。キラキラと輝く穏やかな海に、瀬戸内の豊かな春の恵み、「魚島」を思い描いてみた。

サワラ料理。日生の「みやけ」では大将考案の「たたき」や、「炒り焼き」、「こうこずし」が味わえる（左下から反時計回り）

春

カツオ

曲線美、節切りの奥義

鹿児島｜枕崎市

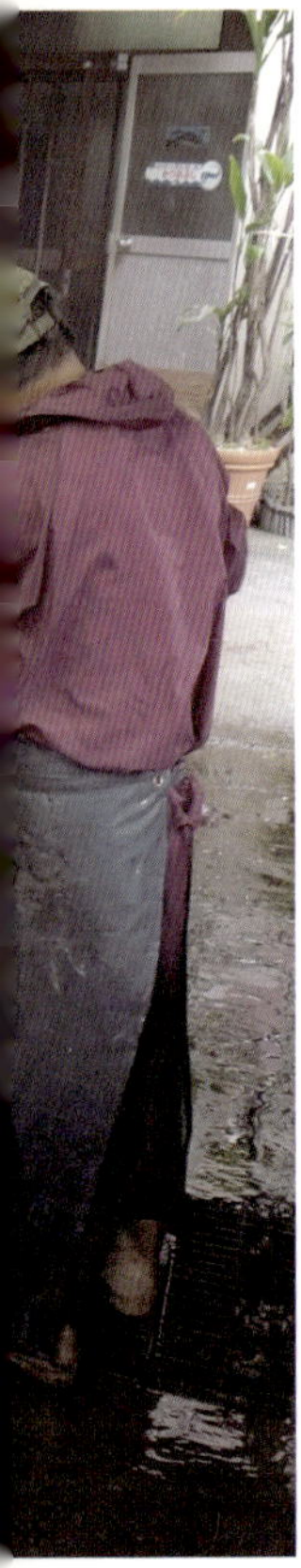

柄より刃渡りの短い包丁を初めて見た。毎日一〇〇匹前後のカツオをさばくと、二年で元の長さの半分に縮むのだ。作業場のさびたラジカセから、アイルランド人歌手、エンヤの「菫草《すみれぐさ》」が流れている。静かで荘厳で、滑る音色。神山芳行さん(67)のその包丁の動きが、奇麗に曲と重なる。

ひと晩水に漬けて解凍したカツオの頭を断ち、三枚におろす。半身を血合いを境に切り分けると、一匹から四本の節が取れる。そこから〈一〉煮る〈二〉骨を抜く〈三〉すり身をひび割れ部分に塗る〈四〉まきの火で燻《いぶ》す(一〇～一五回)〈五〉表面を削り、成形する〈六〉日干しとカビ付けを繰り返す(四回が目安)――などの工程を経て、本枯れ節と呼ぶ最高級品が出来上がる。一連の作業に半年はかかる。

「今日のは身が締まっていて、ええカツオ節になる。出来不出来はカツオの良しあし。工程はどこも同じだからね」。薩摩半島の南端、国内産の四割を擁する枕崎には六〇余の業者がひしめき、街全体に特有のにおいが香る。大工場も神山さんのような家族経営も、やることに差はない。

「文献的にもこの三〇〇年、紀州から伝わった製法は変わっていません」。枕崎水産加工業協同組合代表の西村協さん(54)も強調する。

だが、どれも似た味と形のはずなのに、神山鰹節店の本枯れ節は時に品評会で平均の八倍の値が付く。

「頭(節の上端)のカーブの丸み、皮を残す割合、全体のくびれ、違いはそんなもの。だけどそれが思い通

カツオ節作りは生身をさばくことから始まる。家族総出の作業が続く（神山鰹節店で）

りにならないと、出したくない」。神山さんの二男の悟郎さん(40)は、隠れたこだわりに徹するのが職人と思っている。

「でもオヤジのほうがずっとうわ手。何しろあの包丁で薩摩《さつま》切り＊をやっちゃう。あれ、『お前はこんなちびた刃を使えるか？』っていう無言の圧力なんです」

薩摩切りは「標準型」と呼ばれる平均的な節と違い、煮た後に改めて骨抜きをする必要がなく、それだけ美しい形に仕上がる。「ちゃんと仕上げられるのはオヤジを含めて数人って言われています。頭が富士山みたいに優美な形になるんですよ。いつかは挑戦してみたいけど……」

エンヤの澄んだ声と薩摩切りの刃音が、変わらず同じリズムを刻んでいる。

＊生身を節にする際、皮や腹骨を一気にそぎ切りすること

頭も尾も豪快煮込み

枕崎駅に近い郷土料理の店で、主人の久保耕一さんからいい話を聞いた。上りガツオが沖をかすめる春、市内の学校では、新任の先生を迎える時はカツオの頭を、転出する先生を送る時は尾を豪快に盛り付け、宴を張るという。

「頭も尾っぽも真ん中に比べたらうまいもんじゃない。でも端っこをじっくり煮込んだ名物は、まさにこの土地の味だから」

頭を丸ごとみそ煮にしたひと皿はビンタと呼ぶ。まる一日下ゆでし、甘めの白みそでこっくり炊き上げると、サバやイワシにも似たコクに、ほのかな苦みと酸みが香る。

「目玉の周りのゼラチン質と、かま奥のチンコ（心臓）を真っ先に味わうのがこっちの食べ方。丸々一匹どこも無駄にしない土地柄がわかるでしょう」

言われてみれば、日中、神山鰹節店の作業場をひっきりなしに小型トラックが行き来していた。カツオをおろす際に出る中骨は肥料業者が、内臓は塩辛屋が、腹身は料理店や親類がそれぞれ引き取り、後には本当に何も残らなかった。

港に寄ると、近海の一本釣りも遠洋の巻き網も暗いうちから続々水揚

港のそばで、カビ付けを重ねた節が存分に日光を浴びていた

げされ、途切れない。午前七時、遠洋冷凍物の競りが始まった。狭い一室にカツオ節業者が集まり、壇上の競り人に金額を書き入れた木札をヒョイヒョイ投げつけている。

「最初はわざと高値で少量買ったり、その後買い手がないと一気に安値で残りを総取りしたり、木札をそのつど読み上げるから駆け引きもわかりやすいんじゃない」。最前で参加していた的場信也さんの言葉通りに、臨場感たっぷりだった。

冒頭のビンタには、地の芋焼酎が合う。市内には一九三六年（昭和一一年）から続く薩摩酒造があり、花渡川《けどがわ》のほとりの「明治蔵」で焼酎造りを公開している。土を焼いた壺《つぼ》形の仕込み瓶や蒸留に使う木桶《きおけ》、石造りの貯蔵庫など、極力明治以前の道具を再現しつつ、計器に頼らない勘だけで醸造を手がける。

六人の蔵子《くらこ》を束ねる杜氏《とうじ》の宿里《やどり》道夫さんは、五〇年で一一の蔵を渡り歩いた。「最近の焼酎はコンピューターがきちんとやるから味の誤差が少ない。ここは手作りだから出来にもある程度の幅がある。でも昔ながらの味ってそういうことだよ」

薩摩酒造の明治蔵は、仕込みを間近に見学できる

宿里さんは枕崎から北西に二〇キロ離れた黒瀬の出。黒瀬杜氏は明治の末以降、沖縄の泡盛と同じ黒麹《こうじ》を使った焼酎造りをこの地方に広めたことで知られる。最盛期は二〇〇人の杜氏や蔵子を数えたが、二〇人ほどに減った。

「もう十分働いたし、ここらが潮時かな。寂しくはないよ。杜氏は酔っぱらうほど飲むわけにいかないでしょう。カツオかキビナゴを肴《さかな》に、そろそろ一対一のお湯割りを思い切りやってもいいかなって」

春

マダイ　ブランド魚養殖の誇り

　山々の間に深く切れ込んだ静かな入り江に、四角いいけすが整然と列をなして浮いている。船で近づくと、表面を黒いシートが覆っている。

「日が当たると日焼けして黒くなってしまうんです。タイはやはり赤くないと」

　岡山万造さん(60)は話す。岡山さんは養殖グループ「ネオメイト会」の会長。一三人の仲間とともに、独自配合した餌を用いて「愛鯛《あいたい》」というブランド魚を生産している。

　シートをめくり、餌を落とすと、マダイの群れが上がってきた。稚魚で仕入れ、出荷できる大きさに育つまで約二年。一〇メートル四方、深さ八メートルのいけすに約一万匹が泳ぐ。

「ミネラル分を強化した餌を使い、いけすの中の密度を抑えてストレスを軽減することで、丈夫で味のいいタイができるんです」(岡山さん)

　養殖のマダイは脂が乗りすぎると言われがちだが、愛鯛を仕入れる市内の料亭「和日輔《わびすけ》」の山本義男店長は「余計な脂がなく、日持ちがいい。包丁を入れるだけで違いがわかる」と評価する。

　愛媛は魚の養殖が盛んな県だ。主にマダイとブリが生産され、マダイでは三万五二〇〇トンと全国の半分以上を占める(二〇〇七年、農水省統計)。その中心が宇和島だ。

「地形や水質が向いているのでしょう」とマダイの養殖を三〇年以上手がけてきた副会長の大塚功さん(57)はいう。

　しかし現状は厳しい。かつてはキロ二〇〇〇円以上の高値で取引されたこともあったが、近年は半値以下に低迷。

「水産物は、自分が作ったものに自

餌を求めて海面に近づくマダイの群れ。温かくなると食欲も増すという

分で値段がつけられない。どうにかしたい、と思いながらやってきた」と大塚さん。品質には自信があっても価格に結びつかない。

そんな状況を打破するために、流通業者だけでなく、レストランやホテルへの売り込みも図る。品質を認めて使ってくれる料理人も徐々に増えてきた。大塚さんは言う。

「ぼやいてばかりの同業者も多いけど、空元気でも『今がチャンスぞ！』と言うようにしてるんです。人間もストレスをためこんではダメになる。魚と同じですよ」

段畑の眺望三〇〇年の歴史

マダイは古くから「魚の王様」と呼ばれてきた魚。姿の良さが武家社会に尊ばれ、お祝い事にも用いられてきた。

ほぼ全国の海で釣れるため、各地に「鯛めし」という名の郷土料理が伝わっている。焼いた鯛を丸ごと一匹のせた炊き込みご飯など、加熱して用いる料理がほとんどだが、なぜか宇和島の鯛めしは違う。

宇和島の「鯛めし」はシンプルで豪快

おわんにご飯を盛り、その上にタレに漬け込んだマダイの刺し身をのせて、生卵などをかけて混ぜる。さっぱりしたタイと熱いご飯、濃厚なタレが混ざり合って、食欲が進む。平安以降の伊予水軍が酒盛りの際に食べた料理がルーツと言われるが、その真偽はともかく、伝説にふさわしいシンプルで豪快な料理ではある。

愛媛県の沿岸部にはリアス式海岸が続く。急傾斜に刻まれた畑にミカンや野菜が植えられ、収穫物の運搬にはモノレールが用いられる。

宇和海沿いの道路を車で走ると、石垣で築かれた狭い畑の上で、年老いた農民がクワを振るう光景に出くわしたりする。

そんな景色の極め付きが、遊《ゆ》子《す》水《みず》荷《が》浦《うら》の段畑《だんばた》だ。宇和島から宇和海に突き出した三浦半島の中腹あたり。

遊子水荷浦の段畑。幅１メートルほどの石垣が山頂まで続く

沿岸部の山すそから山頂まで、一面が石垣に覆われている。下から見上げると、まるで壁のようだ。

「石垣の畑になったのは明治以降、戦後に急ピッチで進みました。ここは昔から半農半漁の土地。私は昭和一九年（一九四四）の生まれですが、物心ついた時はイワシ漁とジャガイモ、麦などが盛んで、戦前には桑も植えていました」

「段畑を守ろう会」理事長の松田鎮昭さんは話す。その後、イワシが取れなくなり、四〇年ほど前にはハマチや真珠の養殖が盛んになる。人々は養殖に専念し、重労働を必要とする段畑は打ち捨てられていった。

段畑を文化財として保護する機運が出てきたのは一〇年ほど前。文化庁の官僚が遊子水荷浦を訪れた際、「これほどのものは全国でもほかにない」と高く評価して保護を勧めたことから、二〇〇〇年に「守ろう会」が発足した。市の補助で石垣の補修が行われ、耕作を再開する人も増えてきた。

宇和海の入り江に浮かぶいけす。マダイ、ブリなどが養殖されている

幅も高さも一メートル前後の段畑が、およそ六〇～七〇段。青々と育っているのは収穫間近のジャガイモだ。今は地元ＪＡが買い上げて販売し、原料とした焼酎も造っている。

「石垣によって耕地面積も収量も増えた。昔は子供が生まれると記念に段を増やしたものです」と松田さん。地元を離れて建設会社で働いていた松田さんは、定年退職後に帰郷して本格的に活動に加わった。

「でも、子供の頃ここで畑仕事をするのは本当につらかった。今も、見上げると、つらい思い出ばかりがよみがえってきますよ」

国の重要文化的景観に指定された景色には、四〇戸あまりの小さな集落の、三〇〇年を超える歴史が刻み込まれている。

春

イベリコ豚

森を操り、至高の味

緑に覆われたなだらかな丘に、点々と生えたカシの古木。公園と見まがう風景のあちこちで、黒い豚の群れが地面に顔を伏せ、夢中で口を動かしている。放牧中のイベリコ豚だ。

スペインの南西部、ポルトガルとの国境にまたがる山岳地帯には、デエサと呼ばれる森林が広がっている。この森で、秋から春にかけてカシの木が落とすドングリの実を食べて育った豚が、最高級の生ハム「ハモン・イベリコ・デ・ベジョータ」になっていく。

「ドングリをたっぷり食べ、野山を自由に歩くことで、脂肪と筋肉のバランスが取れるんです」

アンダルシア州の北東部、アラセナ山脈にある牧場を歩きながら、ドミンゴ・エイリス・マルティンさん(31)が話す。ドミンゴさんは母、兄と共同でハム会社を経営している。一九世紀初めに創業の歴史ある会社だ。とはいえ小規模の家族経営。肩書は販売マネジャーだが、実際は豚に餌をやり、トラックに乗せて運び、と何でもこなす。

この地方に住む男たちの多くは、そうやって豚の飼育やハム作りに携わって暮らしている。

ハモン・イベリコ発祥の地といわれるハブーゴ村。小高い丘の上に、

年間一〇万頭分のハムを出荷する最大手、サンチェス・ロメロ・カルバハル社の白い工場がある。

解体した豚の脚を数日間塩漬けにした後、天井からつるし、二年以上かけて乾燥・熟成させる。熟成部門の責任者、マエストロ・ハモネーロのバレリアノ・ラモスさん(38)は、「熟成の度合いを見はからって、窓を開閉したり、床に水をまいたりし

ドングリを求めてデエサと呼ばれる森林を走るイベリコ豚

て温度・湿度を調整する。一人前になるには一五年かかるよ」と話す。いわば日本酒の杜氏《とうじ》のような役割で、父も塩漬け部門のマエストロだ。

エアコンを使わない自然乾燥のため、熟成中のハムの表面はカビで覆われる。チーズのカビ同様、熟成に欠かせない要素だという。

「この菌と空気があるから、ほかの土地では作れない、よいハムができるんだ」

自然環境を巧みに利用している点は放牧も同じ。デエサのカシ林は、実は原生林ではない。何世紀もかけて間伐などの手を加え、放牧に適した植生に改造してきた。

父祖たちが風土と対話しながら練り上げてきた製法を受け継いで、アラセナ山脈の人々は、世界に誇るハムを作りあげていく。

ハムの香り、こだまする

部屋いっぱいにつるされたイベリコハム。２年以上かけて乾燥・熟成される

近年、日本でも注目されているイベリコ豚。ステーキなどにも用いられるが、精肉が広く流通するようになったのはスペインでも最近のことで、伝統的にはハムや腸詰めに加工されてきた。

イベリコ豚はイベリア半島の原産種で、大半が黒豚。育て方によって四の等級に分類される。生後一〇か月ごろから放牧され、以後は飼料を与えずにドングリや野草だけで育ったベジョータが最高級だ。放牧せずに飼料だけで育てるイベリコ豚（セボ）もある。

スペインのハムといえば白豚を用いるハモン・セラーノが知られるが、ハモン・イベリコの生産量はセラーノの数パーセント程度という希少品。特にベジョータの放牧には一頭あたり一～二ヘクタールの森が必要とされる。「一頭が一日に一一キロもドングリを食べるから、生産量も限られる」（ドミンゴ・エイリス・マルティンさん）。

食べ方は「薄くスライスしてそのまま食べるのが最高。ワインとも合う」（サンチェス・ロメロ・カルバハル社の宣伝担当、ホアン・マテオス・デ・アリソンさん）という。冷蔵している場合は、室温に戻した方がよい。口に入れると、赤い肉にはさまれた脂肪の層がみずみずしく溶ける。肉の柔らかさは、二年も干したとは思えない。飲み込んだ後も、木霊のように香りが口中に広がる。

「ほら、立てても落ちないだろう？脂肪分が豊富なベジョータでないと、こうはいかないよ」

スライスしたハムを盛りつけた皿を垂直に立てて、ホセ・ビセンテさん（51）が笑う。ビセンテさんはアラセナ山脈の中心都市アラセナでレストランを営むオーナーシェフ。キノコなど地元の素材を生かした伝統的な家庭料理が自慢で、イベリコ豚のメニューも豊富だ。

「昔、物流が不便で地元のものだけ食べていたころは、アラセナの人はコレステロールが少なかった。イベリコ豚の脂肪は、ドングリのオレイン酸が含まれて体にいいんだよ」

アンダルシア地方特有の白い
壁が並ぶアラセナ市の街並み

　アラセナ山脈一帯は国の自然公園で、人々が避暑やハイキングに訪れるリゾート地でもある。アラセナ市内には一九一四年から公開されている鍾乳洞グルタ・デ・ラス・マラビジャスがあり、見学者でにぎわう。

　ここではハムも重要な観光資源。二〇〇六年にはハム博物館が作られ、お土産にハムを売る店の看板も目立つ。酒や軽食を楽しむバルにもハム売り場があり、天井からハムがずらりとぶら下げてある。

　もっとも、アンダルシア地方の大都市セビリアに住むコーディネーターのフェデリコ・マシアスさん（56）によれば、「ハモン・イベリコは、日本でいえばお刺し身のようなもの。普通の家庭ではあまり一本丸ごとは買いません。切ったパックを買うか、レストランで食べる」とのこと。スペインの人々にとっても、ハモン・イベリコは特別なごちそうのようだ。

アラセナでは食品以外
にも豚グッズがある。
土産物店には素焼きの
豚の貯金箱なども

春

チーズ

味と夫婦、年重ね深まる

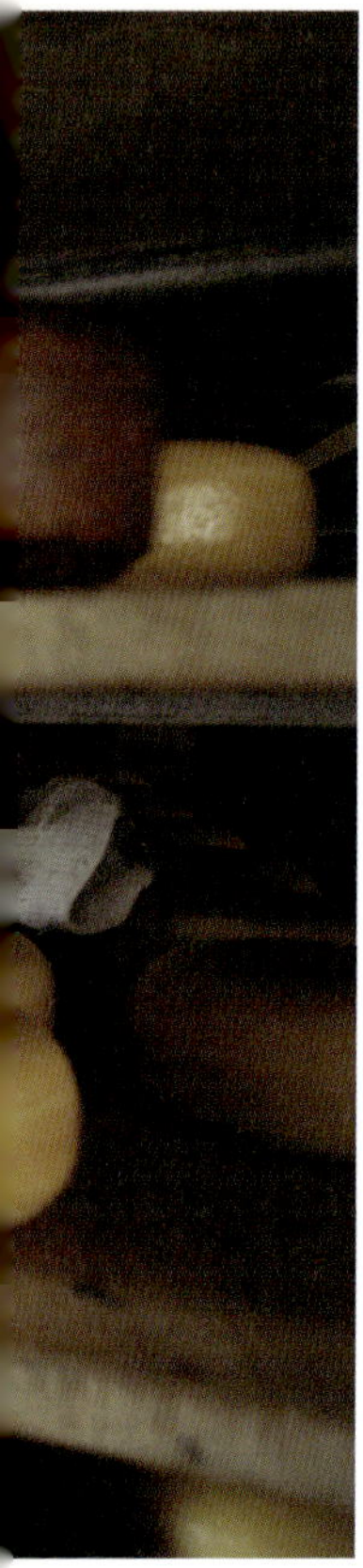

首都アムステルダムから北に約三五キロ。アルクマール近郊に広がる酪農地帯に、アリー・バルテュスさん(67)の牧場はある。妻のコリーさん(63)とチーズを作り続けて二八年。搾乳から製造、直売まで、長男と三人でこなす。

簡素な作業場の中央に、九一〇リットルの牛乳を満たした金属製の円形タンクが鎮座する。これがチーズ約九〇キロの原料。専用の酵素を入れて表面が固まったら、かき混ぜて粒状に砕く。「ほら、きれいな緑色になってきた」とコリーさん。言われれば薄黄色だった液体が少し青みがかっている。

粒をすくって、手のひらの間でしごいたり、サッとなでたりして感触を確かめる。「水分の程良い抜け具合は、長年の経験でわかる」という。

直径数十センチの円盤形のゴーダや、球形で脂肪分が少ないエダム。世界有数のチーズ輸出国オランダの地名を冠したチーズは、日本でもなじみ深い。バルテュスさん夫婦が作るのは前者。まろやかでクセが少なく、親しみやすい味だ。

固形分をネットですくい取り、プレス機で三時間。円盤形になったものを、コリーさんが床に掘られた水槽に滑り込ませていった。円盤はプカプカと浮き上がる。「真水だと沈むのよ」。濃度二〇パーセントの塩水に二日間浸して、塩味を付ける。地中にあるのは、温度を低く保つための工夫という。

熟成室の棚に並ぶチーズを点検するコリーさん。熟成期間によって味も様々だ

最後は室温一三度の薄暗い熟成室へ。九段の棚には、熟成度に応じて様々な色合いが並ぶ。均一に熟成するように毎日ひっくり返すことも大事だ。

数か月、一年と熟成させることで味は深まる。二年ものはにおいも濃厚だが、病みつきになりそうなコクがある。

まだ作りたてのチーズの白い肌を、コリーさんは「赤ちゃんみたいでしょ」となでる。「こっちはお年寄りね」と手に取ったのは何と二一年もの。表面は茶色く変色している。

「見学客に『何年持つの？』とよく聞かれるので、一つ取り分けておいたのよ。二五年目になったら、家族で食べるつもりです」。夫婦とともに年を重ねてきたチーズ。さて、どんな味がするのか。

アンディさんの店には、様々な銘柄のチーズが並ぶ

干拓地、主食を育む

「一八二二年のレシピブックです」と言われて驚いた。すり切れた革とじの本に、セピア色のインクで細かい文字がびっしりと手書きされている。アムステルダム近郊のアブカウデ村で産直ショップ「アナ・ハーン」を営むアンディ・フェルドンクさん（38）が知人から譲り受けたものだ。

レストランのシェフだったアンディさんは二〇〇七年、牧場の一角に店を開いた。レンガ壁の小ぎれいな小屋に、農産物やチーズが並ぶ。その場で調理しての試食や、出張料理も行う。「伝統的な食の良さを見直すことに興味があった」と語る。

本の古めかしいオランダ語を読み解いて、約二六〇のレシピから一七種類を再現した。チーズを使った料理も、その中にあった。チーズの切れ端を全粒粉のパンとともに溶かし込んだ濃厚なスープ。「冬によく作ります。体が温まりますよ」

「オランダの主食」とアンディさんが言うチーズとの古いかかわりは、訪ねた先々で思い知らされた。

チーズの故郷を訪ねる

アムステルダムの南約五〇キロにあるゴーダは、窓のよろい戸の紅白模様が鮮やかな市庁舎を始め、一六、一七世紀のレンガ造りの家が多く残る街だ。かつてチーズや穀物の計量所として使われていたチーズ博物館で、一七世紀のレリーフを見た。右側にはチーズを買おうとしている商人。おもりを手にした計量人を挟んで、左には売り手と帳簿係がいる。

博物館のボランティアガイド、ヤン・ファン・フェルゼンさん（72）が「この帳簿係は正直者じゃないね。ほら」と指さす先を見ると、チーズを積んだてんびん台に、こっそり足を載せている。重さをごまかそうとしているのだ。元は計量所の玄関に掲げられていた。こんなところにも古くから商業が発達していたお国柄を感じる。

　アルクマールにも同じようなチーズ博物館がある。オランダでは戦後、小規模なチーズ工場の統廃合が進み、多くの工場が閉鎖された。博物館のガラスケースには、各工場が最後に作ったチーズが保管されている。中で一番古いのは一九六三年。小さい球形で、茶褐色に干からびている。「ナタでも使わないと切れませんが、まだ食べられるはずです」とヤン・ドゥ・ヘア館長。

　近くにはオランダを代表するベームスター干拓地が広がる。東京都町田市に相当する面積（約七〇平方キロ）の牧草地が薄もやにかすみ、羊や馬、牛がのんびりと草をはむ。確かに広さには圧倒されるが、これが世界遺産と聞かされても、ピンとこない。

ベームスター干拓地近くの運河をボートで行く家族連れ

　だが、道の両側の運河をよく見ると、左右で水面の高さが違う。片方は周囲の土地より高く、船が浮かぶ水面の向こうに、民家の屋根だけが見える。辺りは一七世紀初めまで湖の底だったものを、風車を使って排水した。

　オランダの約四分の一が海面より低いことは有名だが、改めて目の当たりにすると、よくもまあここまでと思う。人知の生み出した豊かな牧草地が、この国のチーズ作りの根本なのだ。

日本のコロッケのルーツともいわれる「クロケット」

春　ジャガイモ　インカの「聖者」四〇〇〇品種

一五世紀から一六世紀にかけて、現在のコロンビア南部からアルゼンチン、チリの北部までを支配していたインカ帝国。太陽を信仰していたというケチュア族の末裔《まつえい》たちは、ジャガイモを「サントルマ」と呼ぶことがある。

「サントは聖者、ルマは頂上という意味。結婚式でもお祭りでも、あらゆる儀式で〝主役〟になってくれる。いつごろできた言葉かは知らないけど、うちのじいちゃんはよく言ってたね」

標高四〇〇〇メートル余り。パンパヤクタという小さな村で、リカルド・パッコ・チパさん（29）が説明してくれた。リカルドさんが働く試験農場は、近隣六村の共同運営。九〇〇〇ヘクタールの畑で四一〇種類のジャガイモを栽培、品種改良を行う。

「二〇〇〇〜三〇〇〇メートルぐらいだとトウモロコシもとれるけど、それ以上はジャガイモだけ。ありがたい作物だから聖者なのさ」

ジャガイモの原産地は、ここアンデス山脈周辺だ。もともとは一センチ足らずの、しかも毒のあるイモを、改良に改良を重ね、食用に作り上げたのは、リカルドさんの先輩たちだ。今や品種は四〇〇〇余に及び、この土地では、五〇〜六〇種類を作り分ける。

「僕の家で育ててるのは、五、六品種だけどね」と、ワイポ湖のほとりに畑を持つビクトル・ワマン・サーヨさん（39）。白、紫、ピンク――種類ごとにさまざまな色の花が風にゆらぐ。「花が咲く時期は、畑の仕事も少ない。のんびりと心がなごむ季節だね」。クスコの中央市場で働くアグスティーナ・ソラロさん（39）は、「二〇年以上、ジャガイモ専門に売る」ベテラン。扱うイモは一三種類。すべて食べ方が違うとい

アンデス山脈を望む高地のジャガイモ畑。子供たちは見よう見まねで仕事を覚える

う。

「黄色い色のアマリーヤはサラダにいいし、赤っぽいワイロは蒸したり焼いたり、がいい。コロッケにはオロネスとパパ・ブランカをミックスさせる」

「いいこと教えてあげようか」

アグスティーナさんが急に言葉の調子を変えた。レジのそばにある細長いイモをひとつ、手にとる。

「これね、芽が多いでしょ。そういう品種なの。この皮を、身の部分をいためずに、うまくむけるようになったら、女の子はすてきな恋ができるの」

「山上の聖者」から「彼氏のできる方法」まで。ケチュアの民とジャガイモの付き合いは濃厚だ。まん丸い、素朴なイモには、インカの歴史が詰まっている。

親から子へ、作り方継承

「クスコ」とは、ケチュア語で「へそ」のことだそうだ。アンデス山脈で暮らすインカ帝国の人々にとって、一六世紀に二〇万人が住んでいたこの都市は、まさに「世界のへそ」。その台所を支えた植物が、ジャガイモとトウモロコシだった。

「インカを支えたのはトウモロコシ、という学説は古くから唱えられてきたが、ジャガイモもそれに劣らず重要、と最近の研究では見なされるようになってきた」。住友商事で長く食料関係の仕事に携わり、ペルー在住経験もある沼田晃一さんは言う。

「ペルーのジャガイモ料理は、日本で考えられる以上に多彩。そこに歴史と文化を感じる」

　現地のスーパーや市場にいくと、日本では見かけない商品を売っている。代表格が、「チューニョ」だ。冷凍したジャガイモを踏みつけるなどして水分を抜いた〝フリーズドライ〟食品だ。チューニョ用のジャガイモには毒が含まれているのだが、乾燥作業をする過程で、その毒も抜けるのだという。白と黒の二種類、小石のような形状。それをグラム単位で量り売りしてくれる。

「六〜八時間水でもどして、白いのはミキサーにかけてスープにする。黒い方のスープもいいけど、スライスしてチーズをのっけて、オーブンで焼いて食べてもおいしいわよ」と、土産物店を経営する鈴木美貴さん。

黒いチューニョを、戻したままの形で食べる。茨城名産、サツマイモを天日干しした乾燥イモから甘みを引いた感じ。かめばかむほど、うまみが口の中で増してくる。

スープ用、サラダ用、チップ用……クスコの市場では、用途の異なる様々なジャガイモが並んでいる

「ヨーグルト状に発酵させたフェルメンターラというにおいがきつい食べ物もあるんだけれど、クスコあたりではあまり売ってないね」と言うのは、リマにあるインターナショナル・ポテト・センターに勤めるアルベルト・サラスさん。世界銀行の系列下にあるこの研究機関では、一〇か国以上から約五〇人の専門家を集め、ジャガイモの品種改良、病気対策など、様々な研究を行っている。

「約一八〇種類の原生種を含め、世界中のジャガイモを冷凍保存していますが、研究をしていると、チューニョは優秀だな、と思うんですよ。一〇年、二〇年は軽く保存できるんですから。インカの時代の技術もすばらしいものがありますね」。同センターのデビッド・タイさんは話す。

インカ帝国の中心地だったクスコ。スペイン人に滅ぼされる前、ケチュアの人々が土台を作った建物が、今もそこここに残っている

　パンパヤクタのポテトパーク。一面のジャガイモの花を見ながら、近くの農家、マリアーノ・スータ・アプグーさんたちとお茶を飲む。茶うけはもちろん、ゆでたポテトだ。「これは甘みがあるね」「こっちはホクホクした感じがする」と、七、八種類を食べ比べる。

「このあたりの子どもは、五、六歳から畑に出て、見よう見まねでジャガイモの育て方を覚えていく。使う農具は、インカの時代から変わらない。親から子へ先祖代々、ジャガイモ作りのエッセンスは自然に継承されていくんだよ」

　マリアーノさんは胸を張った。

紫、ピンクなど様々な色があるポテトチップス

春

羊　長く、白い雲、繁栄の誇り

長く、白い雲――北と南、二つの大きな島を擁するこの国の先住民マオリは、自分たちの土地をそう呼んだ。

無人だった島々へ海を越えて彼らが住み着いたのは約一〇〇〇年前。命名からは、島影の上空にたなびく雲を初めて見た歓喜が伝わる。

その北島の北端、牧草と武骨な岩肌がまだらを描く緩い丘陵を、母子連れの羊がひと筋に群れ、駆けていく。九月。南半球に春が来た。

ここノースランド地方の小村にある牧場は、羊の出産シーズンを迎えていた。約四三〇ヘクタールの土地に九〇〇頭ほど。サム・ラドブルックさん(69)は四代目、一八六〇年から続く牧場のあるじだ。

一家の先祖は、実は建国と深い縁がある。この国が英国領となったのは一八四〇年にマオリの首長たちと結んだ「ワイタンギ条約」以来のこと。宣教師ヘンリー・ウィリアムズが条文をひと晩でマオリ語に翻訳したことは、当地ではよく知られた話だ。

「ウィリアムズの娘は、私の曽祖母です」。そう明かすサムさんはしかし、この挿話を決して誇らしげには語らない。翻訳が不正確だったため、条約の解釈を巡る論議が今も続いているからだ。

当時の入植者が家畜のいなかった土地へもたらした羊は、瞬く間に全土に広がった。一八八二年には英国へ冷凍船による羊肉輸出が始まり、一九五一年には朝鮮戦争によるウー

ラドブルック家の牧場。早春を迎え、誕生した子羊たちが母親と元気に駆け回る

ル特需があった。

「この国が羊のおかげで豊かになったのは事実」。サムさんの長男ロジャーさん（43）が力を込めた。全盛期の八〇年代から半減してなお三三〇〇万頭、人口の七・七倍に及ぶ羊が草をはむニュージーランドは、もちろん今も世界一の羊肉輸出国である。

羊一二九頭、一一五ドルで売却――サムさんの家に残る一〇〇年前の家計簿には、ふだんの買い物の記録と共にこんな項目もある。「それにね、昔の住まいの図面はどこかへ行っちゃったのに、毛刈り小屋のものは代々とってあるの」。サムさんの妻、クリスさん（67）が笑った。

牧場をたなびくように流れる羊たちもまた、一家にとっては〈長く、白い雲〉なのだ。

ラム、軟らかで軽快な味

サム・ラドブルックさん一家の食堂で、自慢のラムのローストをごちそうになった。生後九か月の子羊の脚を、オーブンで丸ごと焼いた豪快な料理だ。「子供の頃は、週に三、四回はラムを食べたかしら」と妻のクリスさんが懐かしむ。

生後５日の子羊にミルクをやるロジャー・ラドブルックさん

牧場の子羊が肉用に出荷されるのは生後一〇〇日から。「特に乳離れしてすぐで、まだ草をあまり食べていないラムの肉は、マトン（成熟した羊の肉）と比べて臭みもないし、軟らかい」と長男のロジャーさん。

サムさんが皿に切り分けた肉に、二種類の自家製ジャム（！）を付けて味わう。一つはカリンに似た黄色い果物マルメロのジャムで、もう一つは唐辛子のジャム。果実の酸み、甘み、辛みが凝縮された添え物をたっぷり塗ると、繊維の軟らかいラムの赤身がさっぱり感じられ、さわやかで軽快な味わいになる。何となくこってりした食感を想像していたぶん、すっかりとりこになった。

マオリを訪ねる

羊と並んでニュージーランドを代表するものと言えばラグビー。国代表チームのオールブラックスは日本でもおなじみだが、底辺を支えるのが全国で五〇〇を超える、地域に根付いたクラブチームだ。

近くのオハエアワイ村にあるラグビークラブの練習を見学した。練習場はサムさんの祖父が町に寄贈した、その名も「ラドブルック・パーク」。ロジャーさんも一〇年前にコーチをしていたことがある。聞けばこのクラブも一八八八年創立というから、建国間もなく英国から持ち込まれた伝統スポーツが瞬く間に広まった事情は、羊とおんなじである。
そして今、ラグビーはむしろ先住民マオリの人々にとって重要な活躍の場だ。この日は、ホニヒキ杯というマオリだけの大会に向けた練習の真っ最中だった。練習が夕方になるのはメンバーの大半が社会人だから。草ラグビーへ注ぐ情熱が強豪国の証しなのだ。「日本人の選手だって大歓迎だよ。こちらも勉強になるしね」と語るコーチのペピー・マイヒさんの表情にも、余裕を感じる。

練習に励む地元ラグビークラブの選手たち。日中は仕事があるので、練習は夜間になる

何しろ小村のチームとはいえ、二〇〇三年にイングランド代表をワールドカップ初優勝に導いたマーティン・ジョンソン主将（現・同代表ヘッドコーチ）も十代の頃はこのチームで汗を流した。「二〇年前だけどオールブラックスの選手を二人出したこともあるし」。元コーチのロジャーさんが付け足した。

「ワイタンギ条約」調印の地にも足を延ばした。サムさんの牧場から車で三〇分足らずの海沿いに、当時の英国政府駐在官の家を保存した条約記念館やマオリの集会所が立ち、調印が行われた丘に英、ニュージーランド両国旗が翻る。

ラドブルック家の牧場は宿泊もできる。2階の寝室からの眺めは絶景で、朝は野鳥の声で目が覚める。クリスさんが手入れする果樹園と庭の花々も見事だ

調印一〇〇周年を記念して建造された大型カヌーを前に、マオリの羽根飾りを頭に付けたガイドのジーン・タウタリさんが祖先の歴史をおもむろに語り始めた。「カヌーで海を渡ってきた私たちの始祖は、かなたの空に見た。長く、白い雲を――」

「春」の食べ歩き情報

【菜の花】
青森県・横浜町
≪アクセス≫
東京駅から新幹線で八戸駅まで約3時間。八戸から野辺地まで、第三セクターの青い森鉄道で約45分、野辺地から陸奥横浜まで、大湊線で約30分。
≪問い合わせ≫
横浜町観光協会
☎ 0175・78・2111
菜の花プラザ
☎ 0175・78・6687

【ハチミツ】
岐阜・大垣市
≪アクセス≫
東京駅から新幹線で名古屋駅まで1時間40分、東海道線に乗り換え、大垣まで30分。
≪問い合わせ≫
大垣市観光協会（観光情報のみ対応）
☎ 0584・77・1535
種田養蜂場
☎ 0584・78・6844

【イチゴ】
栃木・真岡市
≪アクセス≫
東京駅から小山経由で新幹線と水戸線を乗り継ぎ、下館駅まで1時間20分。真岡鉄道に乗り換えて真岡駅まで20分。
≪問い合わせ≫
益子観光いちご団地
☎ 0285・72・8768
つかもと
☎ 0285・72・3223

【サワラ】
岡山・備前市日生町
≪アクセス≫
東京駅から新幹線で岡山駅まで3時間20分。JR山陰線で日生まで50分。
≪問い合わせ≫
日生町観光協会
☎0869・72・1919
料理店「みやけ」
☎0869・72・2643
福寿司
☎086・252・2402

日生ではカキ養殖も盛ん。魚市場「五味の市」(☎0869・72・3655)にはカキやサワラのフライをトッピング、刺し身じょうゆをたらしたソフトクリームがある。

【マダイ】
愛媛・宇和島
≪アクセス≫
羽田から松山空港まで1時間30分。バスでJR松山駅まで15分、宇和島駅まで特急で1時間20分。
≪問い合わせ≫
愛媛県漁業協同組合連合会宇和島支部
☎0895・22・5225
宇和島市観光協会
☎0895・22・3934

【シイタケ】
大分県・豊後大野市
≪アクセス≫
羽田から熊本空港まで2時間。高速バスで竹田まで1時間40分。
≪問い合わせ≫
大分県椎茸農業協同組合
☎097・532・9142
竹田市観光ツーリズム協会
☎0974・63・0585

【アオノリ】
高知・四万十市
≪アクセス≫
羽田から高知龍馬空港まで1時間15分、空港バスでJR高知駅まで40分。土佐くろしお鉄道・中村駅まで特急で1時間50分。
≪問い合わせ≫
四万十市観光協会
☎0880・35・4171
トンボ自然公園
☎0880・37・4110
屋形舟さこや
☎090・5147・4023

【カツオ】
鹿児島・枕崎市
≪アクセス≫
羽田から鹿児島空港まで1時間50分。バスで枕崎市内まで1時間50分。
≪問い合わせ≫
枕崎市水産商工課
☎0993・72・1111
枕崎水産加工業協同組合
☎0993・72・3331
薩摩酒造・明治蔵
☎0993・72・7515

【ジャガイモ】
ペルー・クスコ周辺
≪アクセス≫
成田からリマまでは、乗り継ぎを含めて飛行機で約 30 時間。リマからクスコまでは、空路で約 1 時間。
≪問い合わせ≫
ペルー観光情報サイト
http://www.peru‐japan.org/

【羊】
ニュージーランド・ノースランド地方
≪アクセス≫
成田からオークランドまで直行便で約 11 時間。ノースランド地方までは車または長距離バスで約 4 時間。
≪問い合わせ≫
ニュージーランド政府観光局
☎ 03・5400・1311

オークランド市内の土産物店ではウール製品はもちろん、羊毛から取れる「ラノリン」という脂を使ったせっけんやハンドクリーム、ローションなども売っている。

【イベリコ豚】
スペイン・アラセナ周辺
≪アクセス≫
成田からパリなど欧州主要都市経由でマドリードまで 16 ～ 18 時間。マドリードからセビリアまで国内便で 1 時間。セビリアからアラセナ周辺まで車で 2 時間。
≪問い合わせ≫
スペイン政府観光局
http://www.spain.info/ja/

リゾート地としてもにぎわうアラセナ市にはハム博物館も開館している。

【チーズ】
オランダ・アルクマールほか
≪アクセス≫
成田からアムステルダム・スキポール空港まで直行便で 12 時間。アムステルダムからアルクマールまで電車で 40 分、ゴーダまで 55 分。
≪問い合わせ≫
オランダ政府観光局
http://www.holland.or.jp/

食べものがたり

サクランボ
フキ
ジュンサイ
オクラ
ゴマ
パイナップル
ホヤ
ハマグリ
マアナゴ
ウマヅラハギ
短角牛
ホップ
タコ
チャイ

夏

山梨　南アルプス市

夏

サクランボ

酸いも甘いも実に宿し

「初夏のルビー」とはいつ誰が言い始めたのだろう。すっかり緑を濃くした枝の中から、真っ赤に熟した実がのぞく。太宰治が「桜桃」の中で、蔓《つる》を糸でつなぎ首にかけると、「珊《さん》瑚《ご》の首飾りのように見える」と表現したサクランボ。その実りは「世相と見事に直結している」と、父親の代から農園を営む中込重昭さん(59)はいう。

　東京から西へ約一〇〇キロ、甲府盆地西部の南アルプス市は、約三〇〇の観光農園を抱えるサクランボ狩りの名所である。夏冬、昼夜の寒暖差の大きい盆地性の気候と水はけのいい土壌は、甘酸っぱい果実を高級品へと育てた。

「五反歩(約五〇アール)も育てれば、県知事並みの収入。太平洋戦争前はそう言われた」とJAこま野営農販売部次長の中込謙二さん(56)。「バブル経済の時代は、化粧箱ひとつ何千円、の贈答品が主だった」と重昭さんが続ける。

　バブルが崩壊してその需要ががた減りすると、果樹観光が主役になった。都心から約二時間の立地が生き、「安・近・短」の流れに乗った。

　この時、「農家の意識が変わった」。自営の農園に年間一〇〇〇人以上の観光客を受け入れる長谷部茂樹さん(47)はそう見る。「お客さんが何を望むか直接話を聞き、経営者意識が

緑葉の「海」の波間に、たわわに実ったサクランボを収穫する中込さん

目覚めた。いいものを作ることに加え、サービスを本気で考え始めた」

結果、二一世紀に入ってインターネットを使った産地直送がぜん伸びた。それまで当たり前だった農協経由の取引が、今は全体の六割程度に過ぎない。さらに重昭さんによれば、世界同時不況で「また、お客さんの傾向が変わりつつある」。

「以前は隣近所のお土産を含め、たくさんサクランボを買っていった。でも今は食べ放題をめいっぱい楽しむだけで、家には買って帰らない。来る人の数はむしろ増えているくらいですけどね」

安くてうまいは、当たり前。減農薬などの付加価値がなければ、農園同士の競争にも勝ち残れない。ルビー色の果実は甘い。だが、取り巻く現実は本当に酸っぱい。

激しい寒暖差、甘み育む

　山梨県は〝フルーツ王国〟なのだそうだ。初春のイチゴから始まって、冬場の柿まで、さまざまな果実を収穫できる。勝沼のブドウ、笛吹のモモ、それと並んで知られるのが、南アルプス市のスモモ、サクランボ。サクランボの季節は、五月から六月下旬にかけて。「一〇万人近くの人が農園を訪れる」と、JAこま野営農販売部次長の中込謙二さんはいう。

サクランボのハウスの向こうには、白い冠をかぶった南アルプスの山々が見える

　中部横断自動車道を白根インターで降りた観光バスが、次々とサクランボ狩りの観光客を運ぶ。「一日八〇台来た時もあったかな」。四〇分二〇〇〇円の「食べ放題」コースで「ひとりで二〇個、三〇個食べる人もいる」のだから、消費される果実は膨大。市内のハッピーパークで、ジャムを手作りするツアーもある。

　もともとこの地方は、サクランボが採れる南限に近い。やはりこの果実で有名な山形県では、甘く濃厚な味がする「佐藤錦」が中心だが、ここではより甘酸っぱい「高砂」の方が育ちやすいという。「高砂」を口に運び、ほろ苦い皮をプツンとかみ切ると、じゅわーとさわやかな風味が口内に広がっていく。某乳酸菌飲料ではないが、「初恋の味」だ。

　サクランボが終わると、七、八月からはモモとスモモが主役。年中果樹観光でにぎわう南アルプス市だが、もともとそんなに豊かな土地ではなかったという。

　南アルプスを源流とする御勅使《みだい》川の扇状地として形成されたこの地域は、「原七郷《はらしちごう》」と言われ、砂利ばかり目立つ干害常習地帯だった。「月夜でも灼《や》ける、と言われるほど水が不足していた」（中込さん）。冬はマイナス一〇度、夏は三〇度の気候も「米作に適さなかった」。農家の経営が安定したのは、果樹栽培が盛んになった明治以降。大きな寒暖差は果実の甘みを増し、礫《れき》地《ち》は水はけの良さにつながった。
「豊かではなかったからこそ、子弟の教育に力を注いだ。学問での立身出世を望んだ、ということもいえそうです」というのは、春仙美術館学芸員の深沢剣一さん。なるほど、

「サクランボジャム」作りは観光客らに人気

人口七万人余りの南アルプス市に、市立美術館がふたつある。白根桃源美術館は川崎小虎、望月春江ら、当地ゆかりの画家の作品を主に所蔵。春仙美術館は石川啄木の「一握の砂」に絵を寄せた、やはり当地出身の名取《なとり》春仙《しゅんせん》の作品が中心だ。
「大正時代、役者似顔絵の版画を多数手がけた春仙は、明治以降沈滞していた浮世絵版画に新風を注いだ、と評価されています」
「勧進帳」の弁慶を演じる七代目松本幸四郎、「京鹿子《きょうかのこ》娘《むすめ》道成《どうじょう》寺《じ》」を踊る六代目尾上菊五郎、世紀の二枚目・十五代目市村羽左衛門の「直侍《なおさむらい》」……歌舞伎の歴史に名を刻んだ俳優たちが表情豊かに迫ってくる。

アニーズカフェの「モモとサクランボのタルト」

美術館を出ると夕刻だった。南東には富士山がかすんで見える。西を振り返ると、日本で二番目に高い、標高三一九三メートルの北岳。背中合わせの絶景。そう言えば、太宰治の「桜桃」の冒頭は聖書からの引用だった。
われ、山にむかいて、目を挙《あ》ぐ。
——詩篇《しへん》、第百二十一。

夏

フキ　巨大な群生、神の配剤

北海道｜足寄町

これほど巨大なフキの群生に紛れ込めば、誰もが小人に見える。大きいもので丈は三メートル近く。北海道東部、足寄町の特産として知られる「日本一ジャンボな」ラワンブキは初夏、郊外の沢沿いで競うように林立する。

「だからコロポックルって小人でも何でもなく、そこに暮らしたごく普通の人だった気がする」。アイヌ文様刺繍《ししゅう》作家のチカップ美恵子さん（59）が生前、そう笑った。コロポックル。アイヌ語で「フキの下の神様」を意味する言葉には、いくつか伝説がある。チカップさんが伯父（故人）から聞いたのは、こんな話だ。

昔々、（足寄近郊の）阿寒が大凶作に見舞われ、ひとりの青年が世を嘆いて山々をさまよった。するとコロポックルの長老が現れ、「自ら命を絶つ者は神の国の住人になれない」と諭し、彼を厚くもてなして食べ物をどっさり持たせた。阿寒のアイヌは飢餓を免れ、長老を尊い神と敬った。

「ねっ、青年と長老が出会った場所は足寄としか考えられない。大きなフキが育つ土地の人格者、即ちコロポックルなのよ」

伯父は戦前から道内各地やカラフトでアイヌの伝承の聞き取りを続け、著作を通して同胞の復権に取り組んだ。熊、森、水、空――森羅万象をカムイ（神の化身）と敬い畏《おそ》れる心がアイヌの本性、と説く伯父を追い、チカップさんも曲線と棘《とげ》模様を無限に組み合わせるアイヌ文様を丹念に織り込むことで、民族の共生を訴えた。

二〇〇六年、チカップさんは急性骨髄性白血病で倒れてから長らく闘病生活を続ける。常に命の限りを意識する怖さと向き合い、改めて伝説

ラワンブキは北海道が認定する「北海道遺産」。人の背丈を圧する生命力が夏の到来を告げる

の尊さをかみしめてきた。「死ぬ気になれば人は何でもできるし、自ら死を選べば人は何もできない。単純明快に命の尊厳を教えられ、コロポックルに励まされている」

北海道にはラワンブキをはじめ丈の長いアキタブキが各地に自生する。釧路生まれのチカップさんも子供のころから好物だった。

「油揚げとカツオ節を混ぜ、薄味でじっくり煮たのが特に。阿寒にいた叔母からもよく塩漬けのフキが届いて、何日も水で晒《さら》して塩とアクを抜くのが手間だった」

残念ながらチカップさんは二〇一〇年、六一年の人生を終えた。みずみずしくてちょっとほろ苦い夏の味をかみしめると、空へ空へと伸びる生命力と、彼女の純真な笑顔を思わずにいられない。

自生フキ、野性的な香気

ラワンブキのラワンは地名だ。足寄町の東部、螺湾《らわん》地区だけに群生する。実は北東北や北海道に自生するアキタブキと同一種だが、普通のアキタブキは丈が一メートル未満だ。

「フキはとにかく土の養分と水をたくさん吸う。ここらは普通の火山灰地よりカルシウム、カリウム、マグネシウムなんかが極端に豊富で、フキ以外の草花も大きく育つ」。もっぱら螺湾川沿いの天然物を収穫する阿部喜一さん(58)が解説する。確かにうっそうと茂る周囲の緑は、太古の野性を思わせる迫力だ。

手作業によって１本ずつ箱詰めされるラワンブキは、７月半ばまで発送作業が続く

町内のラワンブキ生産は畑での栽培と、自生の二通りがある。平成以降は栽培が主力で、三〇軒近い農家が年間二〇〇～三〇〇トンを育てる。対して阿部さんは年間一〇～二〇トン程度の自生にこだわる。二〇〇八年は春先の低温と少雨がたたって自生の伸びはかなり遅れ気味だ。「四月にあった二〇センチの積雪が余計。もう三〇年以上フキを見ているけど、こんな伸びの悪い年は初めて」。阿部さんの仲間の鈴木力さん(59)も浮かない顔だ。

それでも好天が続けば「一日で一気に一〇センチ近く伸びる」(阿部さん)旺盛な成長力がラワンブキの身上。収穫作業の間近にいると、一本一本の切り口からムッと濃厚な香りが立ってくる。草いきれの中に甘みや苦みを溶かし込んだ力強い息吹、とでも言えばいいか。

この野性的な香気を生かした洋風のフキ料理を出す店がある。中心街からちょっと北へ入った国道沿いの「びすとろ端山《はしやま》亭」だ。毎日取れ立ての生ブキを阿部さんから仕入れ、これをたっぷりあしらったピザとパスタを季節メニューにしている。

例えば「ラワンブキのピザ」は、まず地元産の小麦を使った生地へ粉状にしたフキの葉を練り込む。ここにフキノトウのみそ漬けとチーズを合わせたソースが絡まり、仕上げに丁寧に下ゆでしたラワンブキの輪切りをたっぷり盛る。モッチリした生地全体をフキのみずみずしい色と香りが包み込み、シャキシャキと潔い繊維質の歯触りも心地良い。

五色沼の別名を持つオンネトーは、ラワンブキの自生地にほど近い雌阿寒岳のふもとにある

「どこに行っても同じものが食べられる状況って逆に寂しくないですか？　足寄に来たらそこで取れる山菜、野菜、果物、肉、牛乳を食べて欲しいって普通に思う」。二〇〇三年に開いた店を切り盛りする端山道王《みちお》さん（42）は根っからの足寄っ子だ。

地元ＪＡの山菜工場にも足を延ばした。一九七四年からラワンブキの水煮缶詰や袋詰めを作っており、例年町で収穫するフキの五〇パーセント以上をここで加工する。

「もちろん今が一番忙しい。年間通して扱うフキ全部を夏場の一か月で釜ゆでし、三〇パーセントの濃度で一気に塩漬け保存する。この作業がスムーズに行くかどうかで一年の出来不出来が決まるんです」。工場長の森太恵司《たけし》さん（59）の真剣な表情に、フキへの素朴な愛情を垣間見た。

道の駅「あしょろ銀河ホール 21」ではラワンブキの水煮やヨウカンなどを扱う

夏

ジュンサイ

水田跡、沼に夏の涼味

秋田｜三種町

意外だった。ジュンサイの小さな浮き葉の密生する沼が四角い。つまりは人造沼である。

くるんとカールした幼葉や若芽がヌルヌルの寒天質に覆われた夏の涼味は、昔から秋田の名物と聞いていた。実際、八郎潟に近いここ三種町だけで、全国に出回る九割が摘まれる。となればこのスイレン科の水草は、当地秘蔵の湖水や清流へ分け入ってこその珍味では？——という想像は、目の前の沼であっさり裏切られた。町にはこうした水田跡を利用してこしらえた沼が三〇〇か所以上（一二〇ヘクタール）を数える。

「山懐の中で人間本来の生きる力を引き出す医療をしたい」。精神科医の児玉隆治さん（60）がその一念で東京学芸大学の教授職を辞してふるさとへ戻った時、一番驚いたのが、この沼の風景だった。二〇〇一年だった。

「要するに僕がガキのころは全部が田んぼ。米どころそのものの風景です。でも戻ってみるとそれが奇異な沼に変わっている。ああ、ふるさとすら米だけではやれないんだって、寂しかった」

国の減反政策が始まったのは一九七〇年だ。医師を目指して上京した児玉さんが医大へ通っていたころ。北海道のソバ、佐賀のアスパラ、高知のミョウガ……。各地で米に代わる新たな作物が選ばれた。ふるさとはジュンサイ。豊富な地下水が流れ込む周辺は元々天然物が多かったからだ。

「特にバブルのころは高級懐石の前菜に持てはやされ、町でも転作分に補助金を出して増産を勧めました。それでピークを迎えた感じですねえ」。町内の地域産物利用促進組

ジュンサイの浮き葉が四角い沼を埋め尽くす。秋田の、夏の風物だ（三種町の「阿部農園」で）

合代表の中田良子さん（69）は、振り返る。

児玉さんは、四角い沼が点在する山あいで、不登校の若者らをケアする「長信田《ながしだ》の森心療クリニック」を主宰する。彼らが共同生活を営む寮を併設し、学習プログラムには近隣農家でのジュンサイ摘み取り体験を組んだ。

「Uターンしてわかったのは、土地っ子はジュンサイが本当に好きっていうこと。摘むのは想像以上に重労働で、最近はもうけも大して出ない。でも好きだから、誰も沼をつぶさないんです」

きっかけはどうあれ、ジュンサイ沼のある風景は、もはやふるさとの風物詩だ。国策に翻弄《ほんろう》された田んぼの二の舞いにはなってほしくない。涼やかな味をかみしめるたびに思う。

濃厚、地鶏や野菜と鍋

ジュンサイの摘み取りを、三種町北部の志戸橋地区にある阿部農園で体験した。利用料一五〇〇円。収穫分はお土産として持ち帰る。三〇アールほどの沼一面を特有の浮き葉が埋め尽くし、見た目は楽勝か。

地元ＪＡ直営の加工場で行われるジュンサイの選別。文字通りの人海戦術だ

だが、小さな木舟に乗ってバランスを保つことすら、おぼつかない。利き腕はジュンサイを摘むのでサオは左手のみの操作。舟はたやすく風にあおられ、その場でくるくる回るのみ。「それならサオは使わないほうがまし」。二十代から摘み子を続ける阿部正子さん（62）に笑われた。

プロはさすがだ。舟の後方ギリギリで身をかがめ、その姿勢がぶれない。ゆったり舟を滑らせながら親指で水中をまさぐり、目指す獲物に触れると爪先《つまさき》で若芽をプチンと摘む。早朝から夕方まで、昼休みを除いて黙々と手作業が続く。

「最盛期で一日二〇キロが限界。何しろひざと腰に来るし、芽をいちいちまさぐるのは神経も使う。我慢強くない男には向かないね」

阿部さんの指の爪《つめ》は分厚く盛り上がり、藻が入り込んで緑に染まっていた。ステンレス製の付け爪（地元では「じゅんさいの爪」の名で普通に売られている。一個一〇〇円）を使う人も多いが、阿部さんはずっと素手だ。「小さい若芽を切るのに付け爪はちょっと鋭すぎてな」

町内で採取されたジュンサイの大半は、即座に地元ＪＡ直営の加工場へ運ばれる。ここでも女性陣一〇人ほどが手作業でサイズや等級ごとに仕分けし、生やボイル商品としてパック詰めする。生の「特撰」ともなるとキロ四〇〇〇円で東京や京都の料理店へ引き取られる。

　カチャッチャカチャッチャ……。作業場に響く何とも小気味いいリズム。ジュンサイは、カールした若葉の下に全長一センチにも満たない芽が対になっていることが多い。これを果物包丁を加工した刃先で手早く正確に切り分ける音だ。

「みんな好みのリズムがあるけれど、乗ってくるとだんだんひとつになる。一緒に調子を取らないと作業もはかどらないし」。この道二五年の川村陽子さん(65)のリズムが、全員の基本になっていた。

石倉山公園から三種町を望む。周囲の沢山がたたえる豊富な地下水や清流がジュンサイをはぐくむ

「高級料亭になればなるほど小さなものが喜ばれる」

と加工場統括専任の佐藤恭一さんが話す。「でも、ジュンサイの味には、大小の差はない。都会だと品のいい前菜や椀《わん》のあしらいのイメージでしょうが、こっちはむしろ丼に山盛りで豪快に食べるのが普通です」

　言葉に従い、ジュンサイ鍋を試した。しっかりかみごたえのある地鶏や色とりどりの野菜と一緒に、大ぶりのジュンサイをたっぷり煮込んである。しょうゆやだしの染み込んだトロトロのゼラチン質は、郷土の味のエキスを吸い尽くしたような濃厚さだった。

地元のジュンサイ鍋を、三種町商工会が通販。生ジュンサイ、比内地鶏つみれ、モチ、季節の野菜等をクール便で（☎ 0185・83・3010）

夏

オクラ

島に根づく舶来ネリ

東京　八丈島

島には「ネリ」と呼ぶ夏野菜がある。都心から南へ二九〇キロ。八丈富士（標高八五四メートル）のふもとに広がる畑で、浅沼克己さん(55)がそのネリを収穫していた。

葉陰にのぞく薄緑色のさやはまぎれもなくオクラ。が、スーパーで見慣れたものより断然大きい。全長一五センチ近く。断面も、星形ではなく丸っこい。食べ方は「みそを付けて生でかじるに限る」。本土で主流のものとは違う品種で、皮が軟らかく、大きく成長しても生で十分いけるのだ。

ほろ苦さ、かすかに甘い青臭さ、独特の粘りと種の歯触りがみそとよく調和し、食が進む。本土にはまず出荷されない、島ならではの味覚だ。

実はオクラは英語でもokra。原産地といわれるアフリカの言葉に由来する。ではなぜ島では「ネリ」なのか？

ネリとは本来、和紙を作るときに糊《のり》として使われるオクラの近縁種、トロロアオイの別名。明治の初めにアメリカから入ってきたオクラは当初、「アメリカネリ」と呼ばれた。だが当時は普及せず、日本で栽培が広まったのは一九七〇年代以降だった。

浅沼さんの記憶では、島で栽培が始まったのは五〇年ほど前。「サイパンからの引き揚げ者が、園芸品種として島に持ち込んだらしい。子供の頃は四、五軒しか種を持っていな

オクラを収穫する浅沼克己さん。畑の向こうには、八丈富士の山頂が夏空に映える

くて、うちも親類のつてを頼って分けてもらった」

フェニックス・ロベレニーは、島で当たり前のように目にするヤシ科の観葉植物、花束の添え葉でおなじみだ。今でこそ国内産のほぼ一〇〇パーセントは島モノだが、これも元々は大正時代に東南アジアから移入され、特産に化けた。

ネリ以外に浅沼さんが手がけるパッションフルーツや、花のサンダーソニアも外来の植物だ。アロエもそう。あのくさやだって、元は新島から伝わった。

さらに言えば、江戸時代の流人はもちろんよそ者で、浅沼さん自身もれっきとした「流人の子孫」だ。海を越えてやって来たものがいつの間にか日常に溶け込んでいる。島の持つ、しなやかな風土の一端である。

漂着と流人、伝わる文化

三原山と八丈富士。ひょうたん形の八丈島には東西二つの山がある。山すそをめぐる都道から少し外れれば、シダ植物がうっそうと生い茂る。温暖多雨の気候が島の恵みを育む。

八丈富士には牧場もある。海を見下ろす斜面で、牛がのんびりと草をはんでいた

現在約八四〇〇人が住む周囲五九キロ・メートルの島はしかし、江戸時代にはしばしば飢饉《ききん》に苦しめられもした。農作物に乏しく、年貢として納めたのは古くから伝わる絹織物だった。今でも島の名物として知られる黄八丈だ。

バタン、バタン。力強く機を織る音が作業場に響く。中之郷地区にある「黄八丈め由《ゆ》工房」は、絹糸の染色から機織りまで行う。

染料に使われるのは島で取れる草や木の皮など。黄、樺《かば》（茶）、黒の三色が生み出す多彩な模様は、質素ながらも品がある。「黄八丈の黄は、中国皇帝の色と同じ。黒潮に乗って中国から伝わったのかもしれない」と五代目の山下誉《ほまれ》さん（68）は話す。

実際、中国大陸からも船が漂着した記録はある。「八丈島の文化は、漂着と流人の文化だといわれています」。八丈島歴史民俗資料館ガイドの細谷昇司さん（68）は解説する。

江戸時代には流人の島として知られた。関ヶ原で敗れ、流刑に処され

庭先で干される黄八丈。縮まないように、伸子 が渡してある（「黄八丈め由工房」で）

た宇喜多秀家に始まり、明治初めまでに一八六五人が島に送られた。

知識人や職人も多かった。「島酒」と呼ばれる焼酎は、薩摩出身の流人が製法を伝えた。島で初めての豆腐屋も、うどん屋も、流人が開いた。

そんな島民と流人との関係を物語る料理がある。その名も「ご赦免料理」。「流人が赦《ゆる》されて帰るとき、島の人びとが村長の家に料理を持ち寄って、お祝いの酒宴を開いたといいます」。郷土料理店「いそざきえん」の磯崎洋子さん(66)は語る。大きなバナナの葉の上に、オナガダイやアオダイの刺し身、海藻の煮こごり、サツマイモのきんとんなど、島の幸があふれる。

島の幸があふれるご赦免料理

築一六〇年以上になる店の母屋は、岸に流れ着いた流木で建てられたという。島の木は建材に適さず、流木は昔から貴重品と見なされていた。「今でも、第一発見者が石を乗っけておくと、誰も取らないんです」

島の百科全書といえる「八丈実記」全六九巻を著した流人、近藤富蔵の墓を訪ねた。北方探検で知られる近藤重蔵の長男だが、殺傷事件を起こし、八丈島で六〇年を過ごすことになる。

自然石の小さな墓石に見入っていたら、「富蔵に興味があるんですか?」と自転車の男性に声をかけられた。富蔵の旧跡を訪ねに来た「近藤重蔵翁顕彰会」の美船洋介さん(51)。東京・板橋の中学教諭だが、重蔵の末裔《まつえい》と知り合いになった縁で、同会の東京支部長を務める。「赦免されたのに、父親の墓参りを済ませてから島に戻ってくるんですね。やっぱりここが良かったのかな……」。富蔵に赦免状がようやく届いたのは一八八〇年。七年後、八三歳で没した。

なぎさに寄り来る宝は流木ばかりではなかった。流人たちが島に寄せた愛情も、その一つに違いない。

夏

ゴマ　小さな島の日本一の粒

鹿児島｜喜界島

サンゴの石垣。ブロック塀。ガードレール。防潮堤の内側。集落の至る所に、さやを付けたゴマの束がずらりと並ぶ。お盆明けから九月末まで、白ゴマの収穫期を迎えた喜界島に出現する光景だ。

「今年は雨が多くて、乾くまで時間がかかりました」

島の東部、嘉鈍《かどん》地区に住む伊田五十八《いそや》さん(73)、トヨ子さん(63)夫妻はこの時期、毎日収穫に精を出す。

畑から刈り取ったゴマを天日で干すこと一〇日あまり。短い棒で束をたたくと、ざあっ、と雨が降るように、白く細かいゴマの粒が散る。その粒を何度もふるいにかけ、扇風機で風に当て、穀物選別機を回し、交ざっていた枯れ葉やゴミを丹念に取り除いて、ようやく出荷できるようになる。「畑に出るのは早朝と夕方。昼間、お父さんは寝てるけど、私は選別で忙しいの」とトヨ子さんは笑う。

喜界島のゴマは、島ゴマと呼ばれる在来種だ。本土のゴマより背丈は低いが、香りは良い。

島ゴマの歴史は古く、少なくとも百年以上前から栽培されているという。戦後、沖縄や奄美大島と同様に米軍に占領されていた時期には、「本土から分断されて油が入ってこなくなり、みな自分で栽培したゴマを搾って油を作っていた」と郷土史家の英《はなぶさ》一郎さん(78)は話す。だが復帰後は次第にすたれ、昭和の終わりごろには、島南端の荒木地区で自家用に細々と栽培される程度だった。

トヨ子さんは荒木の出身。二〇年ほど前、親類のゴマ収穫を手伝った際に、種をもらって栽培を始めた。それまではサトウキビなどの農作の傍ら、大島紬《つむぎ》を織っていた。「子供

サンゴを積んだ集落の石垣沿いに天日干しされるゴマは、夏の終わりの風物詩

たちを育てるために、昼も夜もなく働いた」が、皆が独立して島を離れたころ、機織りをやめてゴマ栽培を始めた。

「農業も楽ではないけれど、雨が降れば休めますしね」

島の主な作物であるサトウキビは栽培に一年半かかるが、収穫後の春から秋は畑が空く。春から夏の約三か月で収穫できるゴマは、裏作にうってつけ。次第に伊田さんの周囲にも広まり、今では集落のサトウキビ農家の大半がゴマを植えるようになった。

ゴマの自給率は一パーセントにも満たない。国内の生産量は九八トン（二〇〇六年）で、喜界産は六六・八トン。東京・山手線の内側にほぼ収まる小さな島の、日本一の作物である。

ゴマ油、伝統と自然の香味

喜界島で収穫される白ゴマの半分以上は、鹿児島本土に送られる。湧水町にある鹿北製油だ。

山地の見晴らしの良い丘の上にある工場で、ゴマ油が作られる。まきを燃やしてゴマを焙煎《ばいせん》し、圧搾機で搾り出した油を、一週間かけて沈殿させ、綿布と和紙で三日かけて濾過《ろか》させる。カセイソーダを用いた通常の製法より手間も時間もかかるが、和田久輝社長（46）は、あくまで伝統的な製法にこだわる。

「かつて鹿児島には小規模な菜種油工場がたくさんありましたが、二五年前に父から会社を引き継いだころには、大手企業に押されて衰退していた。だから、大手がやらない製品を作ろうと決めたんです」

廃業した工場を訪ねて歩き、窯や鍋、搾り機など、古い道具を譲り受けた。石臼式の搾り機を用いた「玉締め」という手法で、世界でも珍しい黒ゴマ油も製造している。

もともとは菜種油専門だったが、ゴマを手がけ始めたのは二〇年ほど前。

「ゴマの産地と聞いて喜界島に行ったら、当時は島全体で数百キロくらいしか作っていなかった。でも島ゴマは香りも味もよく、品質は日本一。農家に栽培を頼んで契約し、生産量を増やしてきました」

ゴマをいると、周囲に香ばしさがただよう（鹿児島県湧水町の鹿北製油で）

島ゴマは、いりゴマやすりゴマとして製品化していたが、昨年、島からの依頼で白ゴマ油も作りはじめた。量が限られ高価になったが、空港など島の土産物店に置かれると、予想以上に売れた。

特産品を生かした製品を作ろうという動きは、島の中にもある。町内の農産物加工センターを訪ねると、「結いグループ『喜界』」の女性たちが「豆っからー」という菓子を製造中だった。揚げたソラマメに黒糖で白ゴマをまぶしたもので、材料はすべて島の産物。「在来種を無農薬で栽培した材料だけで作っているから、体にもいいですよ」と会長の伊牟田正子さん(72)。

背の高いサトウキビ畑に囲まれて黄色が際だつゴマ畑

島の女性たちが地域おこしを目指して二〇〇五年にゴマドレッシングを作ったのが手始めで、かりんとうにフスーと呼ばれる在来ミカンの皮で香りをつけた「ふすーぼー」など、さまざまな食べ物を商品化している。

センターがつくられたのは二〇〇六年暮れ。種類が豊富で独特な地元の産物を生かして特産品を開発するのが目的で、町民にも開放している。

「喜界には喜界ミカン、花良治《けらじ》ミカンなどかんきつ系の在来種がある。山や庭に自生して自然交雑した種もあります」(富充弘センター所長)

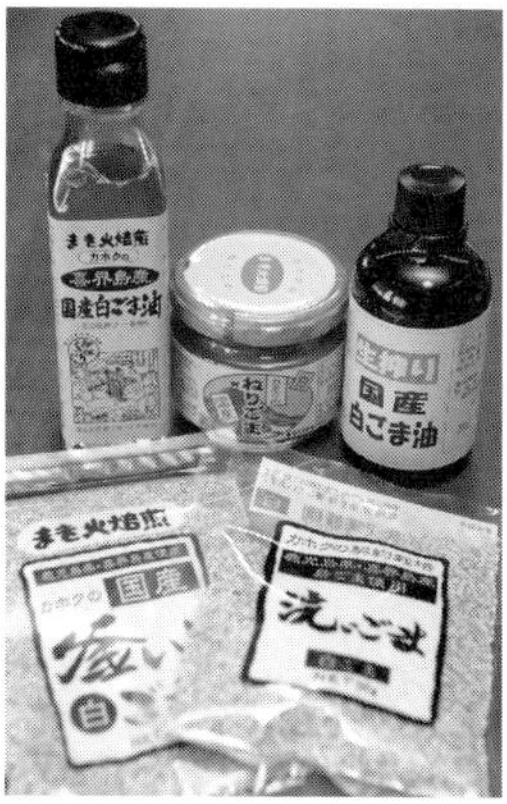

鹿北製油のゴマ製品

島の整備された農道を車で走ると、背の高いサトウキビが密集した畑ばかりが目につく。だが、少し奥まで分け入ると、オオゴマダラなどの珍しいチョウが飛び交い、ガジュマルやソテツの巨木がそびえる。サンゴを積んだ石垣に囲まれた住宅の庭には、鮮やかな色の花が咲き乱れる。

さほど観光化されていないこの島には、目立たないけれど豊かな資産が、静かに息づいているようだ。

夏

パイナップル

貧村救った命の作物

沖縄｜東村

ねっとりとまとわりつく潮風に甘い香りが混じる。

沖縄県東村は「やんばる（山原）」と呼ばれる本島北部の東海岸にある。沖縄は国内唯一のパイナップル産地だが、村は最大の生産量を誇る。澄みきった海を見下ろす畑は、収穫の最盛期を迎えていた。ざわわ、とも揺れない剣のような葉の付け根に、実が赤子のように鎮座している。

「打撲しやすいから、丁寧に扱わんと」。當真《とうま》師長《しちょう》さん（72）が、妻の房子さん（67）と一つ一つ包丁で取っては背中のかごに入れていく。機械化が難しく、熟れ具合を見極める熟練の勘や炎天下の重労働が頼りだが、「収穫の喜びで苦労は吹っ飛ぶね」。師長さんが汗だくの顔をほころばせる。

沖縄では、心身を元気にする食べ物を「ぬちぐすい（命の薬）」という。「パイナップルはぬちぐすいどころじゃない。貧しい村を救った、命の作物そのもの」。東村振興事業推進室長の山城定雄さん（57）の言葉に力がこもる。

パインは南米原産。南北戦争を背景に、米国で軍用に発達した缶詰産業と結びつく。日本政府も統治下の台湾で生産を始め、敗戦後は地上戦で痛手を受けた沖縄復興策に導入される。農作物に不向きな本島北部の酸性土壌がパインには適していた。東村を中心に開墾や品種選別の努力を重ね、沖縄の基幹産業になる。

パイナップルを収穫する當真さん夫婦を、夏休みの孫たちも手伝いに来た

「私たちや同郷の（宮里）藍ちゃんが今あるのも、パインのおかげです」。林業以外に産業のなかった村にゴルフの英才児が育つほど、暮らしは豊かになった。

輸入自由化で外国産缶詰に押され、生産量が激減した今も、地元ではパインを守ろうと必死だ。かつて沖縄に二〇以上あった缶詰工場はすべて閉鎖したが、二〇〇九年夏、村や地元農協らが、悲願の新工場を完成させた。ただし、総工費一九億円の大半は、米軍基地移設と引き換えの北部振興費用だ。

金色の果肉をひと切れほおばる。南国の太陽を凝縮したような濃厚な甘さと酸味。そのとろけそうな蜜の味には、「いくさゆ（戦争の世）」を生きてきた沖縄の苦みも隠されている。

やんばる、平和支える宝

輸入自由化で国産パイン缶詰の国内消費シェアはわずか三パーセントに。かつて一〇万トンを超した生産量は現在一万トン程度だ。だが「食の安全志向から、学校給食を中心にニーズが増しています」と、社団法人「日本パインアップル缶詰協会」（東京）の専務理事、柘植茂晃さん（62）が言う。生パインも、東村が県内外の大手スーパーで実施する試食販売が好評だ。

強い日差しと高温が顕著な本島北部の畑はそもそもほとんど農薬が要らないが、各農家はわずかな使用分も種類や量をすべてチェックし、出荷の際に報告している。もちろん、工場でも品質の管理は怠らない。

日本で唯一のパイナップル缶詰工場。見学も可能だ

パインの成分も肥満や生活習慣病の予防に役立つと関心を呼ぶ。豊富なクエン酸やビタミン。たんぱく質を分解し、消化を助ける酵素も持つ。東村や缶詰協会では、野菜のように日常の食生活に取り入れてもらおうと、料理メニューの開発に取り組む。村の自然体験施設「つつじエコパーク」内のレストランで試食した。

メジナの空揚げにパイナップルソースをかけた一品

肉を巻いて焼いたり、ドライカレーの具にしたり。唐辛子と炒《いた》めたピリ辛ソースをマービー（メジナ）のフライにかけたアジア風の一品も。思ったよりも甘さは抑えめ、さっぱりした酸味が肉の脂や香辛料と絡み、食欲を刺激する。タコやセロリ

とあえて海ブドウを散らしたサラダは香味さわやかで夏バテに効きそうだ。

エコツアーの先進地

東村にはもう一つ、宝がある。亜熱帯植物に包まれたやんばるの森だ。慶佐次《げさし》湾には本島で最大規模のマングローブ（ヒルギ林）もある。ヤエヤマヒルギ自生の北限でもあり、国の天然記念物に指定されている。

村は、環境に負担をかけずに自然観察を楽しむエコツアーの先進地。島袋徳和さん（56）ら住民が中心となり、一〇年前、国内の他地域に先駆けて始めた。今では人口二〇〇〇人の村に、修学旅行生や個人客など、年間一〇万人が訪れる。

島袋さんが主宰する「やんばる自然塾」のツアーに参加した。満潮時、慶佐次湾の河口でカヌーに乗る。潮の流れを感じながら、上流へとこぎ出した。周りはオヒルギやヤエヤマヒルギの群落。よく見れば、細い根の陰に小さなカニが隠れている。

慶佐次湾のマングローブの中をカヌーで行く

こぐ手を休めて耳を澄ますと、かすかにキーンキーンと規則的な金属音が聞こえる。「沖縄や奄美に住むオオシマゼミの声ですよ」とガイドさん。ヒュルルルルーと鳴くのはアカショウビンだ。静かな水の上で、生き物の濃密な息づかいを感じた。

「エコツーリズムは地域の人が運営しないと。地元を愛する気持ちや素朴な人柄も大切な資源ですから」と島袋さんが胸を張る。

「やんばる」とは、かつて、琉球王朝が北部地方をさげすむために用いた言葉だった。山しかない、文化果つる場所、と――。自然と共に生きてきたやんばるは今、平和な時代にふさわしい、新たな価値を生み出している。

夏

ホヤ

この味知らないなんて

宮城　石巻市、女川町

リアス式の絶景が連なる南三陸の竹浦《たけのうら》漁港。なぎの海へ静かに小舟を滑らせるベテラン漁師鈴木康紀《こうき》さん(69)が海中のロープを巻き上げると、ブドウの房みたいにびっしり連なった朱色の塊が現れた。ホヤだ。

海のパイナップルとは言いながら、外面は本家よりどう見ても不細工である。国内のホヤの八割は、ここ女《おな》川《がわ》や石巻をはじめ宮城の養殖物だ。冬場にカキの殻をロープに挟んでおくと、海中で孵化《ふか》した幼生が付着、三~四年成長を待って夏に収穫する。

「甘みが強くて身はきれいな山吹色。毎日食ってるけど、飽きが来ないよ」。体長一五センチ余り、丸々と太った四年物を手に鈴木さんが言う。

殻をむきたての、その四年物を味わう。甘く、ほのかに苦く、磯の香りが濃い。舌先にピリッと来るえぐみの後にさわやかな〝草いきれ〟がスッと鼻を抜ける。何とも重層的で複雑。徹底的に好き嫌いが分かれるゆえんだろうか。

〈いったんホヤを口に入れたんだよ。ところがさ、たちまちペーッと吐き出すじゃないか。(中略)毒でも食わされたみたいに、ペーッと〉

石巻出身の作家辺見庸さん(64)の短編小説「ホヤ」の一節。東北出身でホヤに目がない主人公が、別れた女への憤慨をぶちまける。

養殖ロープを巻き上げる鈴木康紀さん（右）親子（宮城県女川町で）

「おふくろは大好きだったけど、僕もあの甘苦さ、不気味な形が苦手だった。でも長じて故郷を離れてから、妙に食いたくなる」。辺見さん自身はそう振り返る。

鈴木さんは三〇年ほど前に帰郷するまで、神奈川・三崎が母港の遠洋マグロ漁船に乗っていた。そこで知り合った妻のハル江さん（63）がホヤを知ったのは、結婚して女川に来てから。最初はあのにおいにひるんだのに、今は「朝からご飯の友にしている」。その変わり目は、さて、いつの頃だったたか。

〈この味がわからない女なんて〉。「ホヤ」の主人公の毒づきは続く。辺見さんによれば、「人生を深くわかってないと、あの深みは味わえない」。たぶん、彼女はまだ若過ぎたのだ。

清涼な香り鮮度が命

串焼き、田楽、磯辺揚げ。中華風の海鮮豆腐。イタリア風のマリネにフライ……。JR石巻駅前の市観光物産情報センターで開かれたホヤ料理の試食会。そこで出たメニューは酢の物や塩辛ぐらいしか知らない身には、珍品のオンパレードだ。

形も食感もそれぞれ違った顔を見せながら、どれもちゃんと磯の香りが口に広がる。ただし、ここでもこんな声が。「私は好きだけど、主人と子供は食べられないんです」

地元の割烹《かっぽう》「滝川」の料理長・阿部司さんによると、好き嫌いの分かれ目は何より鮮度らしい。あの清涼な香りも、時間がたてば臭みへと変わり果てる。「二、三日すれば私だって無理。嫌いと言う人も、取れたてさえ食べてもらえば」

ホヤは東北の味、と思われがちだが、最近は韓国への輸出も目立つ。実は韓国でホヤは日本以上によく食べられているのだが、十数年前に殻が軟らかくなる病気が流行し、収穫量が激減した。宮城県のホヤ収穫量は二〇〇九年現在、年間一万トンを超えるが、県水産技術総合センター（石巻市）の酒井敬一・養殖生産部長は「国内消費はそのうち六〇〇〇トン程度で、残りはほぼ韓国向けです」。

岸壁では、水揚げされたばかりのホヤの殻を女性たちがむいていた（女川町で）

竹浦、五部《ごぶ》浦、鮫浦《さめのうら》……。「浦」と付く地名が多いことからわかるように、女川から牡鹿半島にかけては入り組んだ海岸線が続く。曲がりくねった道を走ると入り江ごとに集落があり、ホヤやカキの養殖場が現れる。ホヤがこの浦々に守られて育っていることを改めて実感する。

酒井さんによると、「ホヤは生物学的にも非常に面白い」。脊椎《せきつい》動物の祖先に当たる原索動物の一種で、幼生は体長数ミリのオタマジャクシのような形をして泳ぎ、しっぽには脊索という棒状の組織を持つ。
くだんのしっぽは本体が岩などにくっついた後、縮んで消える。つまり、「ホヤは脊椎動物が進化してきた過程を知る手がかりになる」のだ。

旧石巻ハリストス正教会は、1880年（明治13年）に建てられた木造教会。窓や屋根の瓦にも十字の文様がある

石巻には日本最古の木造教会である旧石巻ハリストス正教会を始めとする史跡もある。半島の西側にある月浦《つきのうら》は約四〇〇年前、伊達政宗の命を受けた支倉常長ら約一八〇人が洋式木造帆船サン・ファン・バウティスタ号に乗り組み、メキシコへ向け出航した港だ。支倉はさらにスペイン、ローマへと渡り、法王にも謁見《えっけん》する。だが、メキシコとの交易という目的は果たせないまま帰国した。

近くの県慶長使節船ミュージアム「サン・ファン館」のドックには、一九九三年完成の復元船が浮かぶ。学芸員の高橋由佳さんは「実際にこの大きさの船で行ったのだと実感してもらうため、当時の記録を基に地元の船大工が原寸大で再現した」と話す。

全長約五五メートル。実際に海に出ることはないものの、船舶登録もされているれっきとした船だ。命がけで太平洋を渡った侍は、高くそびえる帆柱をどんな思いで眺めたろうか。

知る人ぞ知る石巻名物、茶色い焼きそば。ソースの色ではなく、めん自体が茶色い。創業63年の「藤や食堂」（☎0225・93・4645）で

夏

ハマグリ　生物の声なき声を聞く

三重　桑名市

「その手は桑名の焼き蛤《はまぐり》」。有名な地口だが、そのハマグリ自体が、本当に食えなくなったことがある。

東海道の宿場町として栄えた三重県桑名市。木曽三川（木曽川、長良川、揖斐川《いび》）が伊勢湾に流れ込む汽水域で、シラウオやアサリとともに、豊かに身の詰まったハマグリが育つ。江戸時代には歴代将軍に献上され、街道沿いの店で焼いて売る光景は旅人におなじみだった。広重の浮世絵「東海道五十三次」や十返舎一九の滑稽《こっけい》本「東海道中膝栗毛《ひざくりげ》」にも描かれている。

だが、四五〇年の歴史を持つ漁も戦後、経済成長に伴う沿岸開発で漁場環境が悪化。地元赤須賀《あかすか》で年間三〇〇〇トンを誇った漁獲量は一九七〇年に減少し始め、長良川河口堰《ぜき》の運用が始まった九五年には一トンを割る。絶滅寸前だった。

「先祖に申し訳がたたん」。赤須賀漁業協同組合の秋田清音《すずね》組合長（68）は三〇年前、貝を受精させ、稚貝を人工干潟に放流する事業に取り組み始める。漁の合間に、昼夜なく貝の孵化《ふか》や飼育にのめり込んだ。妻には離婚を迫られ、子供は夏休みの作文に「お父さんは家にいません」と書いた。

「生きとし生けるものは、ゴカイや虫けらもみな大事なんやぞと、じいさんがよく言っていた。生態系を語ってたんやね」。だみ声に不似合い

船の上でハマグリを選別する漁師の中村保夫さん夫妻。伊勢湾に豊かな恵みが戻ってきた

な名前を授けてくれた両親の記憶は薄い。四歳の時に父は戦死、数年後に母も病没。母方の祖父母と、その漁師仲間が自分を育ててくれた。今度は、自分が育てる番だった。

手探りで技術を確立させ、今では専用の施設もできた。毎年秋、地元の小学生と稚貝を放流する。漁獲量も増加し、二〇〇八年は一〇〇トンを超えた。「一生懸命やれば自然も応えてくれるんやわな」

取れたての生を口にする。産卵を前に身を太らせる旬の時期。滋味に富んだ優しい甘みに驚かされた。

組合長には好きな短歌がある。「大海の底に沈みて静かにも耳澄ましゐる貝のあるべし」（窪《くぼ》田《た》空《う》穂《つぼ》）。豊かな暮らしと引き換えに失ったものはないか。自身も生き物たちの声なき声に耳を傾ける。

ハマグリ、江戸が見える

「浜のどこに何があるか、全部頭に入っとる」。漁師の五代目、自身もこの道六〇年の中村保夫さん（76）が妻と乗る夫婦《めおと》船は早朝、木曽川河口近くの伊勢湾に浮かんでいた。鉄のクシ歯が付いた底引き網にはアサリに交じってハマグリが入っている。

午前５時すぎ、110隻が一斉に出漁する

　こんもりと丸い貝は筆で一はけしたような模様や色つやが美しく、ずしりと重い。中には一〇センチ以上の「七年もの」もある。操業は一日四時間、週三日まで。幼い貝はのぞき、日に三〇キロ・グラム以上は取らない。資源保護のために漁師たちが守る厳しい自主規制もまた、海の恵みの復活を助けている。

　現在、国内で口にするハマグリのほとんどは中国や韓国からの輸入物。国産の多くは太平洋沖で取れる外洋性ハマグリで、桑名や九州・有明海周辺の、淡水の混じる内湾域に生息するハマグリとは種類が異なる。

「殻が厚くて身が薄い外洋性と違って、身がふっくらと詰まり、うまみがある」とは、地ハマグリにこだわる料理店「魚重楼《うおじゅうろう》」の店主、水谷享司《たかし》さん（58）。明治時代に創業した初代は赤須賀の網元だった。焼きハマグリに酒蒸し、天ぷら、吸い物。ハマグリづくしの極めつきは、締めの茶漬けだった。

　たまりじょうゆで煮た時雨蛤《しぐれはまぐり》を刻んでのせたご飯に、熱々の二番だしをかける。ほのかなカツオの香りに、ハマグリのしょうゆ味が効いている。――桑名の殿さん時雨で茶々漬け……と、地元のお座敷唄《うた》に歌われるように、米相場でもうけ、芸者を揚げて遊ぶ商人たちの小腹を満たした一品。昔の桑名には、そんな色っぽい雰囲気もあった。

　時雨蛤は、時雨の降る晩秋、保存用に作られたことからこう呼ばれる。「総本家貝新」など、一〇〇年以上の歴史を持つ老舗が軒を連ねる。味付けに工夫した秘伝の「たまり」をたっぷり使い、浮かし炊きにする。漁港近くに店を持つ「貝増商店」の四代目、服部高明さん（39）は「また地物で炊けるなんて」と喜ぶ。

貝増商店（☎0594・22・4908）の時雨蛤

　桑名と宮（名古屋市熱田区）の宿間は、東海道唯一の海路だった。ちょうど七里（二八キロ）の道のり。船の発着所「七里の渡し」は物流の集散地であり、伊勢参りへの入り口。多くの商人や旅人が行き交った往時は遠いが、旧東海道を歩く平成の旅人たちは少なくない。渡し船を復活させようという市民の動きもある。

「古いものを守りながら、新しい時代の空気も入れていきたい」。本陣跡に立つ老舗料亭「船津屋」の女《お》将《かみ》、林佳美さん（38）の笑顔はつややかだった。泉鏡花や池波正太郎も通ったこの店では、客の目の前でハマグリを焼いてくれる。炭火の上で丸々とふくらんだ身を汁ごといただく。つるつると滑らかで、磯の香りが口いっぱいに広がる。

　大ハマグリは気を吐き、人に蜃気《しんき》楼《ろう》を見せるという。江戸のにぎわいが脳裏をよぎったのは、貝がつかの間映した幻だったのだろうか。

ライトアップされる旧東海道「七里の渡し跡」。伊勢国第一の鳥居が迎える

夏

マアナゴ　地元だけが知る「糧」

背から開いた小ぶりのアナゴを網の上に並べて焼き、数匹ずつをタレに漬けては、また火にあぶる。絶え間なく続く作業が、あたりを香ばしい空気で満たす。駅弁「あなごめし」の老舗、「うえの」の調理場だ。

このタレに味の秘密が、と思いきや、「秘伝というほど特別なものではありません。タレのおいしさは、アナゴの脂から来ているんです」と、社長の上野純一さん(53)は話す。大事なのはあくまで質の良いアナゴというわけだ。

JR宮島口駅の改札から、宮島行きの定期船が発着する桟橋までの参道沿いに、うえのが店を開いて一〇〇年余り。作られる弁当は「あなごめし」一種類だけだ。ふっくらと焼き上げたかば焼きが、アナゴのアラの煮汁で炊いた米飯の上に並ぶシンプルな弁当を求めて、週末ともなれば店の前に行列ができる。

うえのに限らず、宮島一帯には「あなごめし」の店が、数え切れないほど立ち並ぶ。アナゴは、日本三景のひとつとたたえられてきた宮島で、江戸時代から知られる名物だ。

豊かな海の恵みを誇る瀬戸内海の中でも、宮島と本土の間の大野瀬戸と呼ばれる海域では、とりわけ質の良いアナゴが捕れるという。梅雨明けのころ、栄養を蓄え、オリーブ色の脂で全身を輝かせたアナゴは、地元の漁師たちに「金アナゴ」と呼ばれて珍重される。

「ここは川の水が流れ込む汽水域で、遠浅の砂地にはアナゴの餌になる小魚や虫が豊富。広島ではカキの養殖が盛んですが、その周囲にも餌が集まります」(上野さん)

とはいえ現在は、昔に比べて地元での収穫もアナゴ漁師も減った。上野さんは質の良いアナゴを確保するため、国内外を歩き、遠く中国からもルートを築いているが、やはり大切にしているのは地元産。漁師と直接契約し、自らボートを操縦して収穫を引き取る。

「この海域には、地元の漁師しか知らない漁場がある。ウチは駅弁屋ですから買い取る価格に限界はあるけれど、彼らの生活を支えていきたいんです」

ふっくらと焼き上げられる「うえの」のアナゴ。駅弁「あなごめし」は1日に300～600食が作られる

アナゴ、生態の「神秘」

宮島沿岸の海にアナゴ漁の筒を投げ込む兼山さん。海底の砂地に潜むアナゴは、夜になると餌を求めて動き出す

古くから島全体が神域とあがめられ、平清盛や毛利元就ら名だたる武将に信仰された宮島。近年では世界遺産に登録され、ミシュランガイドにも三つ星観光地として紹介されたためか、厳島神社や弥山《みせん》には、西洋人観光客の姿が目立つ。

遠浅の浜辺に立つ厳島神社は、潮の満ち引きによって景色を変える。写真などでおなじみの水上回廊となるのは満潮時だが、潮が引けば大鳥居の前に干潟が広がり、住民たちがアサリを掘りにやってくる。

夕方、そんな砂浜からほど近い海上に漁船を走らせながら、廿日市市の漁師、兼山三郎さん(62)は、ロープで結ばれた黒い筒を次々と海へ放り込んでいく。筒の両端には内側に細くなったフタが付けられ、中にはサンマなどの餌が。餌を求めてアナゴが中に入り込むと、もう出られない、という仕掛けだ。アナゴは夜行性なので、作業は主に夜間。日没直後から明け方まで、筒を落としては引き揚げる作業を繰り返す。

会社員をやめて漁師になって二〇年、アナゴ漁一筋だが、近年はめっきり収穫が減ったという。「品質は変わらないけど量が減った。理由はわかりません」と表情を曇らせる。

農水省の統計によれば、広島県でのアナゴ類漁獲量は、一九九五年の四〇四トンから、二〇〇五年には一七八トンと半分以下に減った。全国でも同時期に一万二九七八トンから六八六〇トンと、かなりの減少だ。資源保護のため、筒漁に用いる筒には、幼魚が抜け出せるよう小さな穴が開けられている。

ただし、減少の原因が捕りすぎかどうかは、はっきりしていない。

アナゴの仲間にはいくつかの種類があるが、日本で食用に供されてきたのはマアナゴ。瀬戸内海をはじめ、日本海沿岸の西部、伊勢湾、東京湾、仙台湾など各地に漁場がある。だが、なじみ深い魚にもかかわらず、生態には未解明の部分が多い。養殖は実用化されておらず、いまだに産卵の場所もわかっていない。

干潮時の厳島神社では、大鳥居を歩いてくぐることができる

「産卵場は台湾の南方と考えられますが、特定できてはいない。その方面の海域から、まだアナゴの姿になる前の仔魚《しぎょ》が黒潮に乗って日本の内海にやってきます」

アナゴの生態に詳しい東京海洋大の東海正教授が話す。

「韓国や中国の沿岸にも漁場がありますが、おそらく産卵場は同じ。宮島沿岸で捕れるというとローカルな魚のようですが、実は国際資源なんです」

厳島神社には、卒塔婆石と呼ばれる石がある。俊寛と共に鬼界ヶ島に流された平康頼が、老母をしのんで海に放った卒塔婆が流れ着いたという伝説が、その名の由来だ。

アナゴの白焼きは「あなごめし」老舗うえの本店内レストランで

鬼界ヶ島の場所はわかっていないが、喜界島など現在の薩南諸島のいずれかという説がある。宮島へはかなりの距離があるが、実は「アナゴがやってくるのと同じルート」と上野さん。アナゴの生態の解明が、はからずも中世の伝説を裏打ちすることになるのかも知れない。

夏

ウマヅラハギ

ジュー熱々わっぱ煮

陸《おか》を中心に考えれば、島は遠く離れた辺境だ。だが、ひとたび身を置けば、島は他の島や大陸とゆるやかにつながりながら、豊かな文化を育んできたことに気づかされる。

例えば、新潟県粟島《あわしま》の「わっぱ煮」。佐渡の北東に浮かぶ周囲わずか約二三キロの小さな島では、杉やヒノキで作った容器「曲げわっぱ」に焼け石を入れ、旬の魚を煮立てる。

「元は漁師の磯料理。今も漁が暇になる秋は、ご飯を詰めたわっぱとみそを持って出かけて、釣った魚をふたでわっぱ煮にして昼飯にする。自然にやってきたから、いつからかって言われてもねえ」

島の西海岸、釜谷《かまや》地区で民宿「松《まつ》太屋《たや》」を営む漁師の松浦乙一郎《おといちろう》さん(60)が首をひねる。入れる魚は春ならメバル、秋はアイナメ。真夏なら断然ウマヅラハギだ。カワハギの一種で、産卵のために丸々と太って沿岸にやってくる。

早朝、松浦さんが引き揚げた刺し網にも、イシダイやキジハタに交じって二〇匹以上が入っていた。灰色の魚体に、金のボタンのような目とおちょぼ口。「釣りでは『エサ取り名人』なんて言われる外道だけど、しょうゆで溶いた肝で刺し身を食べるとうまいよ」

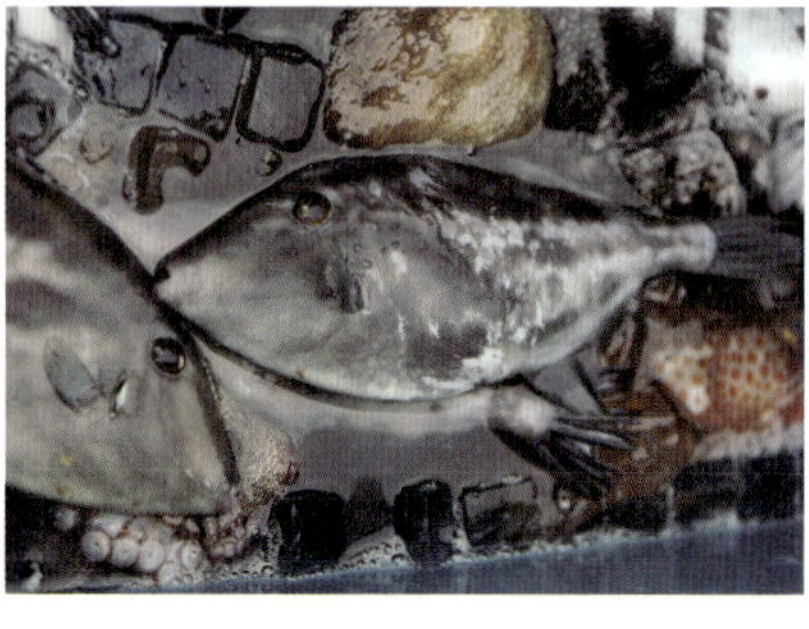

その獲物を漁師流に浜でわっぱ煮にしてもらった。流木で火をたき、直径五センチほどの丸石を拾って投げ入れておく。皮をはいであぶった

わっぱ煮を作る松浦乙一郎さん。石を熱している間、皮をはいだウマヅラハギをあぶっておく

身を、自家製のみそとネギとともにわっぱに入れ、わき水をわかした湯を注ぐ。そこへ真っ赤に熱した石を放り込むと、ジューッと汁が噴き上がる。

熱々をいただけば、白い身はふわっと、肝はこってり。食べ進むうちにも、さらりと透明な脂がみそ汁に染み出し、味わいが増していく。

焼け石を投げ入れる「ストーンボイリング」は縄文時代の調理法で、秋田・男鹿半島や北米の先住民族、南太平洋ポリネシアに、木の曲げ物はロシア・サハリンにも残る。わっぱ煮は、何万年も前に東南アジアから環太平洋に広がった、先史モンゴロイドの確かな足跡を感じさせる。

海にも道があるのだ。「そんなの当たり前さ」。ウマヅラが口をとがらせた気がした。

流れ着く多彩な文化

粟島の西海岸、釜谷地区の浜辺には「わっぱ煮広場」がある。民宿の客は、そこで海を眺めながらわっぱ煮が楽しめる。一九六四年、新潟地震の影響で島全体が隆起したためにできた広場で、今では島の名物だ。

熱した石をわっぱに入れると一瞬で沸騰する。石は島の玄武岩に限るという

その日も朝からにぎわっていた。「新潟市木場八幡宮奉賛会」の神主と氏子の皆さん三〇人。御年九三歳の総代、大谷定吉さんは「昔から通ってます」。聞けば不思議な話だった。

三〇〇年以上前、島の南端の浜で王冠をかぶった見事な神像が発見された。後年、それが盗まれた木場八幡宮の氏神だと分かり、岬の丘に社を建てて祭ったという。「目をくりぬかれ信濃川に捨てられたのが、海に出て島まで流れて来たらしい」と大谷さん。神主が一度、神像を持ち帰ろうとしたが、てこでも動かなかったので、氏子たちがお参りに来るのが習わしになったそうだ。

島には様々なものが流れ着く。観音寺に祭られる立派な観音像は康和年間（一〇九九～一一〇四）、釜谷の漁師が拾い上げた。高さ一七〇センチの巧みな一木造りで、平安中期の作とされるが、出自は不明なままだ。

昭和初期まで島内に生息していた野生馬は、源義経が奥州に落ち延びる際に解き放った愛馬が泳ぎ渡ってきたという伝説がある。今は、韓国語やロシア語の書かれた漂着ゴミが島民を悩ませる。

　村上市立岩船小学校長で民俗学者の赤羽《あかば》正春さん（57）は「粟島には北方からの文化が来ているのは間違いないと思う」と。蝦夷《えみし》はもちろん、ユーラシア大陸東北部からの影響を指摘する。

　島の対岸、村上市には大和朝廷による蝦夷征伐の拠点「磐舟柵《いわふねのき》」があったとされ、粟島にも蝦夷がいたことは古医学書「大同類聚方《だいどうるいじゅほう》」（八〇八年）にある。そういえば、島の女性たちが皆、色白で鼻が高い美人ぞろいなのに驚かされたが、関係があるのだろうか。

　海の生き物も多彩だ。タイやアワビのほか、北洋のマダラが揚がり、トドがやってくることもある。古くから伝わる定置網「大謀網《だいぼうあみ》」には南からのトビウオやマグロがかかる。

　また、「島は中世、本土の人々にとって霊場でもあったようです」と赤羽さん。夕焼けの中に浮かぶ島は、西方浄土の入り口とされ、供養塔「板碑」が多数残る。確かに、岩礁の続く島の西海岸から見た夕日は神々しいほどの美しさだった。紺ぺきの海に伸びていくあかね色の帯。「まるで天国への滑走路ですね」。カメラマンがつぶやいた。

西海岸から望む夕暮れ。粟島は極楽浄土への入り口と見なされてきた

　人口三六〇人足らずの粟島浦村のみでなるこの島に、年間三万人近くが海水浴やキャンプに訪れる。村では森の整備や藻場づくりにかかわってもらうエコツアーを始めた。

　島生まれの本保建男《ほんぼたてお》村長（55）に島民気質を聞くと、「開放的で、外からの客をもてなすのに熱心ですね」。

　その言葉にハッとした。流れ着くだけではないのだ。島には引き寄せる力がある。

夏

短角牛

味と安全、一貫生産

岩手　久慈市山形町

新緑の木立を通り抜けると、突然、視界が開けた。森に囲まれた丘の上で、牛の母子たちが、ゆったりと草を食《は》んでいる。鮮やかなえび茶色の毛並みを持つ短角牛だ。

久慈市山形町（旧山形村）は、全国でも限られた短角牛の産地。市短角牛基幹牧場では、一〇〇頭あまりの母牛と、春に生まれた子牛が放牧されている。五月初旬から一〇月までの間、牧野の草を食べ、母牛たちは種牛と交配し、自然に近い形で暮らす。

正式には日本短角種というこの牛は、古くからこの地方で物資輸送や農耕に用いられてきた南部牛に、明治初期に輸入されたショートホーンなどを掛け合わせた品種だ。肉としては、筋肉の中の脂肪、いわゆるサシが少ないのが特徴。地元で短角牛専門の精肉店を営む佐々木透さん（43）は、「初めて口にした時は衝撃を受けました。霜降り肉のおいしさは脂の甘味ですが、短角では脂が赤身の味を引き立てるスパイスになっている」と魅力を語る。

だが、牛肉の格付けは霜降りの度合いに左右されるため、赤身の多い短角牛には高値がつきにくい。輸入自由化も打撃となって黒毛和牛に転向する農家が増え、山形の短角牛は二〇年前の半数以下に減った。肥育農家の下舘進さん（41）は言う。

牧場に放たれた短角牛。ほとんど人の手をかけず自然に近い状態で暮らす（短角牛基幹牧場で）

「短角の霜降りを作ろうとも試みたけれどダメでした。結局、無理して牛にストレスをかけるより、短角の良さで勝負した方がいい」

　下舘さんら山形の肥育農家は、約三〇年前から、食品宅配を手がける市民団体「大地を守る会」と協力し、飼料の国産化に取り組んできた。放牧中はもちろん、牛舎での肥育期間もデントコーン（飼料用トウモロコシ）の発酵飼料や干し草、穀物などを与え、二〇〇七年から国産飼料一〇〇パーセントのブランド牛「山形村短角牛」の出荷を実現している。

「自分でコーンの栽培からやるのは大変ですが、安全な餌を与えて、繁殖から一貫生産するのが、僕らが生き残る道だと思う」

　味と安全。二つの独自性を頼りに、生産者たちは模索を続けていく。

闘牛、引き分けの迫力

三陸海岸に近い久慈市街から国道二八一号を西へ向かうと、三〇分ほどで山形町に入る。国道沿いを流れる久慈川の渓流が美しい。山形町は森に覆われた山間部だが、道路は広く、初夏のドライブは快適だ。

三〇万本のシラカバが生い茂る平庭高原に近い霜畑地区に、短角牛専門の精肉店「短角考房 北風土」がある。店主の佐々木透さんは盛岡で育った。山形町は父の故郷にあたる。

大手スーパーの精肉部門で働いた経験を買われ、地元産品の加工販売を行う第三セクター「総合農舎山形村」が設立された際に招かれたのが移住のきっかけ。仕事で短角牛を扱ううちに、すっかり魅せられ、六年前に独立した。月に一頭の枝肉を仕入れ、普通は機械で切り分けるところを、すべて包丁の手作業で行う。

平庭高原のシラカバ林は
日本一の規模と言われる

「筋繊維に対して直角に切ると、柔らかく食べられる。機械で切ると、直角にならない部位が多いんです」

生のモモ肉の一片を食べさせてもらうと、かむたびにじわじわと口の中にうまみが広がった。生のレバーには上品な甘味がある。市内のレストランのカレーや缶詰のシチューでは、味の濃い料理の中で、肉自体の風味がしっかりと主張してくる。

「加熱するとすぐ固くなるデリケートな肉なので、扱いが難しい。生食か煮込み料理に向いています」

短角牛の特徴や自作のレシピなど情報発信を続けるうちに、短角牛を評価し、良さを引き出してくれるレストランも増えてきた。平庭高原のレストラン「白い森」の篠山貴幸店長は「『北風土』ができて、地元でも短角牛が手に入るようになった」

レストラン「白い森」
の短角ステーキ丼

と話す。今は首都圏や盛岡市などの需要が多いが、「本当はもっと地元で食べてもらいたい」というのが佐々木さんの希望だ。

　山形町で最も人を集めるイベントは、年に三回開かれる「いわて平庭高原闘牛会」だ。全国的な知名度は低いが、新潟、沖縄などの闘牛には、岩手産牛が少なくないという。

「ここでいい戦いをすれば、よそに闘牛として売れることもあります」と話すのは肥育農家の下舘進さん。下舘さん自身も、牛の綱を引く勢子として参加する。闘牛会に出場予定の牛のけいこを見せてもらった。

　頭を下げ、角と角を突き合わせて押し合い、逃げた方が負け。ただし山形の闘牛では決着はつけない。

「勝負は全部引き分け。とことんやると二度と闘技場に出なくなりますから」（下舘さん）という。

　牛舎から引き出されたのは三歳になる二頭。体は大きいが目は優しい。最初は嫌がっていた二頭だが、組み合ううちに様子が変わり、砂ぼこりを立てて押し合うように。と、下舘さんは強引に引き離した。

「本気になりかかってきたのでね。これ以上やると引き離せなくなる」

　二頭ともすっかり顔つきが荒々しくなっている。一トン近い巨体どうしの取り組みには、引き分けとわかっていても目を離せない迫力があった。

短角牛に闘牛の訓練をさせる。雄
は成長すると１トン近くまで育つ

ホップ

「東北産一〇〇パーセント」のビール造り

村上春樹の小説を読むと無性にビールが欲しくなる。例えば「風の歌を聴け」なら、〈一夏中かけて、僕と鼠《ねずみ》はまるで何かに取り憑《つ》かれたように二五メートル・プール一杯分ばかりのビールを〉飲み干したりする。〈そうでもしなければ生き残れないくらい退屈な夏であった〉

ビールを飲む場面がやたらと多いのだ。物憂い人生をやり過ごすには不可欠とばかりに。

作家が十代を過ごした神戸に園雅博さん（27）は生まれた。ビールを初めて見た時、何て美しい飲み物だろうと思った。金色の液体の中を、何かになろうとするかのように無数の泡が駆け上る。ほろ苦い味とリラックスできる香り。ビール好きが高じて、「サッポロビール」の醸造技術者になった。仙台工場で働く。

夏の盛り、園さんは岩手県軽米町のホップ農園を訪ねた。新商品に使う品種を確かめるためだった。

「ツンと鼻を突く切ない苦みに柑橘《かんきつ》類のような華やかな香り。これなら、と期待が高まりました」

ホップはビールの原料の一つ。蔓《つる》性植物で雌株に緑の松かさのような球花を付け、この花の奥の黄色い粒が苦みや香りの元になる。大瓶一本には球花三つ分。ドイツやチェコ産が主だが、国産も一割ほど用いられ、岩手・青森県境地域は最大の産地だ。

園さんの会社は地元の要望を受け、東北産ホップだけでビールを造ろうと計画していた。軽米の二三人の生産農家が丹精込めてホップを育てているのを見て、園さんは責任を痛感する。醸造試験を繰り返し、麦汁を煮る際に二回に分けてホップを投入することにした。香りを生かすためだ。

緑の壁のようなホップ棚の間を軽トラックでゆっくり移動し、枝を鎌で切り落としていく（軽米町で）

収穫も終盤の九月初旬。五メートルを超す蔓棚には球花が鈴なりだった。作業台を乗せた軽トラックがゆっくりと移動し、はるか頭上の枝が鎌で切り落とされていく。東北の澄んだ風を受けて棚は緑のカーテンのように揺れ、花や葉のかけらがキラキラと舞った。

東北ホップ一〇〇パーセントのビールは二〇〇九年秋から数量限定で発売を始めた。物憂い人生の一瞬を、思いのこもったビールで輝かせたい。園さんはそう考えている。

土地柄に合った作物

ホップは手のかかる作物だ。棚を作り、蔓《つる》を巻き付け、剪定《せんてい》し、花に日が当たりやすいように向きを変えてやる。輸入に押されて生産農家が減った今も、収穫や組合工場での摘花、乾燥作業は仲間総出で協力する。

岩手県二戸市周辺でホップが栽培されるようになったのは一九六〇年代。ビールの消費量が増え、国産ホップの需要が高まっていた。だが、なぜ苦労の多い作物に取り組んだのか。この地域を含む南部地方は、「ヤマセ」と呼ばれる冷たい風が吹き、コメが作れなかったからだ。

冷涼で雨が少なく、夏の気温差が大きい。コメの嫌う気候条件がホップには適しており、ビールメーカーとの契約栽培で安定した収入が見込めた。縄文の昔からアワやヒエなどの雑穀を細々と作ってきた貧しい地域で、待望の換金作物だった。

「コメと違って雑穀はその土地の自然条件を生かした農業。華美なものが嫌いで地道な生き方を好む南部人には向いていたのかもしれません」と、二戸歴史民俗資料館館長の菅原孝平さん（69）。ホップも雑穀栽培の延長なのかもしれない。そういえば、岩手、秋田、青森と国内有数のホップ産地はいずれも旧南部藩だ。

日本一の漆、文化財修復も

自然を生かした文化といえば、二戸市浄法寺町に伝わる漆塗りもそうだろう。奈良時代に建立され、瀬戸内寂聴さんが住職を務めたことでも知られる東北最古の寺、天台寺ゆかりの工芸だ。現在、国内で使われる漆の九八パーセントは外国産だが、浄法寺は漆の生産量で日本一を誇り、国宝級の文化財の修復に用いられている。

学校職員を定年後、研修生として
漆掻きの技術を学ぶ久慈喜一さん

地元には「漆掻《か》き」の伝統技術が残る。六月から一〇月まで職人たちは森に入る。樹齢一五～二〇年のウルシにカンナで傷を付け、染み出た乳白色の樹液をヘラで掻き取っていく。一本の木から採れる漆はわずか二〇〇グラム。木に感謝しながら、無駄なく恵みをいただくためには相当の職人技が要る。現在、職人は三〇人足らず。毎年数人の研修生が技を学んでいる。

つやが美しい浄法寺漆の雑器は滴生舎（☎0195・38・2511）で購入できる

　南部の人たちは、貧しさゆえの悲しみを乗り越える知恵も持ち合わせていたようだ。蝦夷《えみし》の族長アテルイが湯あみしたと伝えられる金田一《きんたいち》温泉には「座敷わらし」の伝説がある。

　老舗旅館「緑風荘」。奥座敷「槐《えんじゅ》の間」の床の間を埋め尽くすように置かれた人形やぬいぐるみに圧倒される。「お客様からのお礼の品々です」。宿の若だんな、五日市洋さん(42)が言う。槐の間に住む座敷わらしが家を守り、会った人は幸せになるという言い伝えがあるのだ。

　貧しかった時代のこの地方の「間引き」が、伝説の背景にはあるとされる。きっと、亡くした子供はいつまでも心のうちに住み着き、人々は伝承に慰めを求めたのだろう。

「素直な感動する心を持った人を、座敷わらしは手助けしたいらしいんです。肝心なのは本人の努力です」

　人生は切ない。でも、生きるに値する価値がある。そのことを、南部の人たちはよく知っている。

水でこねた小麦粉をひっつまんで煮込んだ郷土料理「ひっつみ」。二戸市の「四季の里」（☎0195・23・7148）で

夏 タコ 海の男、怪物と格闘

バッシャーン、ズーッ、パーン。イオニア海に浮かぶギリシャのコルフ島。オデュッセウス伝説にも登場する島の、カノニという岬の美しい入り江に、なんともすさまじい音が響き渡る。

漁師のスピロス・カンタスさん(38)が、体長二メートル近い大ダコを岸壁に投げつけ、つかみ上げてはまた力いっぱいたたき付ける。カンタスさんの腕の筋肉は盛り上がり、ほおは紅潮し、額にはみるみる汗が浮かんでくる。

まるで海の怪物と格闘する男。神話の世界に紛れ込んだのだろうか。照りつける日差しに、一瞬、現実感が遠のく。いったい彼は何をしているのか?

「タコの肉を柔らかくしてるんだ」。息を弾ませながら、カンタスさんが説明する。ギリシャでは、網やモリで取ったタコを、内臓や墨袋を取り除いた後、こうして何十回も岩に打ち付ける。

さらに、丸く円を描くようにタコを岩に押しつけると、一〇分ほどでタコは全身泡まみれに。皮膚の角質やぬめりが削り取られ、泡状になるのだ。「タコをおいしくする、古代ギリシャから続く方法さ」

岩肌を見せるエーゲ海の島々と違って、緑豊かなコルフ周辺の海は栄養分が豊富で、魚の種類も多い。肉厚のタコも評判がよく、こうして柔らかくすれば、さらに高値がつくという。

ひと仕事終えたカンタスさんと、浜辺のカフェ「フリズボス」で昼食を取ることにした。ぶつ切りのタコやキュウリ、オリーブを酢漬けにした、ギリシャの夏料理「クシダート」と、ブドウの蒸留酒「ウゾ」が運ばれてきた。水を注ぐと白く濁るウゾは薬草アニスで香り付けされている。独特の甘さが酸味の利いたタコとよ

く合う。潮風が心地よかった。
カンタスさんの父親はシェフだった。だが、自分は海が好きで、一三歳のころから近所の漁師たちに学び、イオニア海やエーゲ海をまたにかけてきた。一四年前に島へ戻り、今では東海岸に二〇〇〇人いる漁師たちのリーダー的存在だ。「海は毎日、新しい経験をさせてくれる。漁はやめられないね」

カフェの店主、スピロス・カテヒスさん(38)はカンタスさんの幼なじみ。米国で証券アナリストのキャリアを積んだが、やはり四年前に帰ってきた。「店の名は古代ギリシャ語で『風』という意味なんだ」。この島は国際人《コスモポリタン》を育てるが、きっと、古来変わらぬ潮風が、彼らを島に呼び戻しているのだろう。

コルフ島の入り江でタコを岸壁にたたきつけるスピロス・カンタスさん。激しい音と共に水しぶきが飛び散る

城塞が見守る伝統の味

ヨーロッパではタコを「デビルフィッシュ（悪魔の魚）」と呼んで忌み嫌う。ギリシャはイタリア、スペインと共に、古くからタコを食べる数少ない例外国。ホテル「イベロスター・ケルキラ・ゴルフ」の料理長、パブロス・スエレフさん（48）が、様々なタコ料理を作ってくれた。

足を丸ごとグリルしたり、野菜といためたり、トマトで煮込んだり。どのタコも柔らかいけれど歯ごたえがあり、じわっとうまみが口に広がる。「スパイスやハーブを使った下ごしらえに秘密がある。イタリア料理の影響を受けた、コルフならではの料理法なんですよ」

そもそも「美食」の文化は、古代ギリシャ発祥とされる。「単においしい料理を楽しむだけではなく、食事をしながら人生や命について語り合うことを大切にする文化です」。

旧市街リストン通り。雨に濡れた石畳が美しい

パブロス・スエレフさんが、タコを使って多彩なギリシャ料理を作ってくれた

そう胸を張るスエレフさんは、ニューヨークのレストランで一〇年間働き、経営学も学んだが、伝統の味を守り伝えようと島に帰ってきた。

イオニア諸島は、ギリシャの他の地域と異なり、東ローマ帝国の支配後、一四世紀から五〇〇年にわたり、ベネチア、フランス、イギリスに統治され、オスマン・トルコの征服を免れてきた。西欧の防波堤だった。淡路島とほぼ同じ広さのコルフは人口約一一万人。諸島を代表する島だ。

ベネチア統治時代に造られた新旧の城塞《じょうさい》に守られる旧市街ケルキラは、石畳の路地を隔ててピンクやクリーム色の建物がひしめき合い、イタリアの下町のよう。パリ中心部のリボリ通りを模して造られたというリストン通りもある。旧市街は二〇〇七年、世界遺産に登録された。カノニに立つブラヘルナ修道院や起伏に富む海岸には西欧からリゾート客が押しかける。

コルフはオーストリア皇后エリザベートが愛したことでも知られる。神話をたどる海洋の旅を経て、エリザベートは一八九一年、旧市街から一〇キロほど南のガストゥリに瀟《しょう》洒《しゃ》な離宮を建て、英雄アキレウスにちなんで「アヒリオン」と名付けた。イオニア海を望む庭には、かかとを射抜かれ、苦痛に美しく顔をゆがめる英雄の像がある。皇后は晩年、窮屈な宮廷生活を逃れ、幾度もこの地を訪れたという。

新要塞から旧市街や旧要塞（右後方）を望む

オリーブと並ぶ島の名産は「クンクワット」。一九世紀に中国、もしくは日本から伝来したとされる金柑《きんかん》だ。リキュールやジャムを作る会社「マブロマティス」の経営者夫人が日本人だと聞いて、会いに行った。

鹿児島生まれの広森京子さん(62)。名古屋で看護師をしていた時、船員だったご主人と出会って結婚。

三三年前に夫の故郷にやってきた。「子育てをしながら家業の金柑リキュール工場を手伝って。ホームシックになる暇もなかったわね」とおおらかに笑う。その隣で、黒い瞳が美しいお嬢さんがほほ笑んでいた。

コルフには人々を引き寄せる不思議な力がある。支配国の文化をうまく取り入れながら、西欧の退廃とは無縁の、古代ギリシャの清明さを今に伝える。そんな柔らかなしたたかさが、大きな魅力といえるだろう。

夏

チャイ 「黒海の緑」生活潤す

トルコ　リゼ

チューリップ形の小ぶりなグラスに、縁までなみなみと注がれたルビー色の紅茶。受け皿に載せられ、小さな匙《さじ》と角砂糖が添えられた姿が愛らしい。

トルコでは紅茶をチャイと呼び、一日に何度も口にする。家ではもちろん、店先で客と商談しながら、カフェでバックギャモンに興じながら、水たばこを吸いながら……。トレーに載せて町中を歩く出前専門のチャイ屋もいる。

英国の紅茶のような華やかな香りはないが、穏やかなコクと砂糖の甘みがとけ合い、どこかほっとする味。「最低でも一日一〇杯は飲むね」「魅力？　生まれた時から身近にあるから、考えたこともないなあ」。人々に聞けば、そんな答えが返ってくる。一人あたりの茶の年間消費量は世界四位の約二キロ。英国並みで日本の倍以上だ。

だが意外にも歴史は浅く、トルコでチャイの生産が始まったのは一九三〇年代。ケマル・アタチュルクの革命で二三年に成立したトルコ共和国の産業振興策だった。政府は、冷涼で雨が多い黒海地方の気候に合う中国産の茶を導入、専売公社を作り手厚く保護する。その結果、輸入に頼っていた茶葉の生産量が飛躍的に伸び、庶民の生活にチャイが浸透することになった。

一大生産地、黒海沿岸のリゼを訪れた。海岸線を走ると、海に迫る急《きゅう》峻《しゅん》な丘の頂上近くまで、輝くような緑が覆っている。ちょうど茶摘みの最盛期だった。近隣の町で生まれ、結婚して一〇〇〇キロ以上離れたイスタンブールに暮らすファトマ・ムトゥルさん（52）も、夏は娘と帰郷し、亡父の残した茶畑で作業に精を

黒海沿岸の伝統的な赤い絣「ケシャン」をまとって茶摘みをするファトマさん（左）ら

出す。

茶摘みは春から夏にかけて三回。午前中と夕方に手ばさみで刈り取っていく。「赤ちゃんのころから手伝っているから苦にならないわ」とファトマさんが言えば、妹のエメル・サラルさん（39）が「黒海の女は一平方メートルの畑でもほったらかしにしないのよ」と口をはさむ。チャイはまた、農地が少なく貧しかったこの地方に、富と労働の喜びをもたらしていた。

トルコには「チャイのないおしゃべりは、星のない夜空と同じ」という言葉があるそうだ。革命が掲げた厳格な世俗主義（政教分離）はきしみを見せているが、少なくともチャイに限れば、アタチュルクは闇夜に星々をともすように、人々の生活に豊かな彩りを与えたと言えそうだ。

日本の知恵を生かす

「日本の茶の生産技術は世界一ですね。整然とした茶畑は本当に美しい」。うっとりと語るのは、チャイのメーカー最大手「チャイクル」の研究員アイハン・ハズネダールさん(46)。一年前、鹿児島・知覧の茶畑で農業研修を受けたのだという。

日本で学んだことを生かそうと、研究所の茶畑で「畝間《うねま》」を作る研究をしている。「トルコでは種をじかまきしているために畑にすきまがなく、作業がしづらい。日本のように畝を作って苗を植えれば、畝間に農業機械も入れることができる」

茶の木の寿命は七〇年ほど。そろそろ迎える第一世代の植え替え時期に日本の技術を取り入れ、少しでも生産効率を上げたいという。地元ではチャイの過剰生産から以前ほどの収入が期待できなくなり、出稼ぎに出る人や兼業農家も増えているからだ。「茶摘み体験など、観光と結びつけるアイデアも取り入れたい」

突然の客もてなす心

経済が好調なトルコは今、空前の旅行ブームにわく。特にリゼ県は、乾いた平原の多い国内の他地域と異なることが、観光客を引きつけている。海から内陸へわずか五〇キロ以内にカチュカル山（三九三二メートル）を始めとする三〇〇〇メートル級の山々。それらを源流とする川の一帯はフルトゥナ渓谷と呼ばれる。「嵐の谷」という意味で、急流を下るラフティングも人気だ。

リゼのアウトドアガイド、ハッサン・オンデルさん（45）の案内で海岸線から車で二時間ほどのアイデル高原へ。標高約一三〇〇メートルの高原を囲む山々には雪渓が残り、山肌を滝が流れ落ちる。温泉もあり、ハイキングの後に汗を流せるのがう

ヤイラの山小屋で老夫婦が熱いチャイをふるまってくれた。二段重ねの上のヤカンに茶葉を入れ、よく蒸らすのがコツだという

れしい。

　俳優のアントニオ・バンデラス似のハッサンさんはイスタンブール大を出て貿易の仕事をしていたが、

黒海沿岸の町リゼ。斜面は茶畑に覆われる

「黒海沿岸の自然を紹介するのが使命」と一五年前に観光の仕事に転じた。「トレッキングでヤイラを訪ねるのが一番のお勧め」と言う。ヤイラとはアイデル周辺の山岳地帯に点在する夏の放牧地。普段は低地に暮らす遊牧民たちが、夏の間は電気もガスもない簡素な小屋で寝泊まりしながら牛を追って生活する。そんな素朴な暮らしに触れる旅だという。

「最高のヤイラを見に行こう」とのハッサンさんの提案で、四輪駆動車に乗り込み、標高二四〇〇メートルの高地を目指した。山の天気は移ろいやすく、途中から空はかき曇り、霧が立ちこめ、目的地に着くころには激しい雨に変わった。

　たまりかねて集落の一軒で雨宿りをすることに。突然の訪問にも、老夫妻は驚く様子はない。「晴れていれば雲上の世界だったのに」。がっくりと肩を落とすハッサンさんと私たちに、「ゆっくりしていきなさい」と、トウモロコシ粉を手作りのバターとチーズで練った地元料理「タワラマ」とパン、そして熱々のチャイをふるまってくれた。

　どこに移動しようと、チャイはトルコの人々と共にあり、いつでも心と体を温めてくれる。

黒海沿岸の伝統的な
絣の織物「ケシャン」

「夏」の食べ歩き情報

【サクランボ】
山梨・南アルプス市
≪アクセス≫
新宿駅から甲府駅まで、中央線特急で約1時間40分。甲府から南アルプス市内までは、車で約30分。
≪問い合わせ≫
JA こま野観光センター
☎ 055・280・2100

【フキ】
北海道・足寄町
≪アクセス≫
羽田からとかち帯広空港まで1時間30分。空港から帯広市内までバスで40分。陸別方面行きのバスに乗り換え、足寄まで2時間。
≪問い合わせ≫
NPO 法人「あしょろ観光協会」
☎ 0156・25・6131
http://www.ashoro‐kanko.jp/

【ジュンサイ】
秋田・三種町
≪アクセス≫
東京駅から新幹線で秋田駅まで3時間50分。同駅から奥羽線で最寄りの森岳駅まで50～60分。
≪問い合わせ≫
三種町まちづくり課
☎ 0185・85・4830
http://www.town.mitane.akita.jp/

【ホヤ】
宮城・石巻市、女川町
≪アクセス≫
東京駅から新幹線で仙台駅まで1時間40分。仙石線で石巻まで約1時間40分。
≪問い合わせ≫
石巻観光協会
☎ 0225・93・6448
サン・ファン館
☎ 0225・24・2210（休館中）

【ハマグリ】
三重・桑名市
≪アクセス≫
東京駅から新幹線で名古屋駅まで1時間40分、近鉄急行に乗り換えて桑名まで20分。
≪問い合わせ≫
桑名市物産観光案内所
☎ 0594・21・5416
魚重楼
☎ 0594・22・1315
※船津屋は結婚式場に改装され、現在は焼きハマグリは提供していない。

【マアナゴ】
広島・廿日市市
≪アクセス≫
羽田から広島空港まで1時間20分、広島駅までバスで45分。広島駅からJR山陽線で宮島口駅まで25分。
≪問い合わせ≫
宮島観光協会
☎ 0829・44・2011
うえの
☎ 0829・56・0006

【オクラ】
東京・八丈島
≪アクセス≫
羽田から八丈島空港まで50分。
≪問い合わせ≫
八丈島観光協会
☎ 04996・2・1377
JA東京島しょ八丈島支店
☎ 04996・2・1221

【ゴマ】
鹿児島・喜界島
≪アクセス≫
羽田から鹿児島空港まで1時間45分、喜界空港まで1時間15分。奄美大島経由でも渡航可能。鹿児島からフェリーもある。
≪問い合わせ≫
喜界町産業振興課
☎ 0997・65・1111（代表）
鹿北製油
☎ 0995・74・1755

【パイナップル】
沖縄・東村
≪アクセス≫
羽田から那覇空港まで2時間半。高速バスで名護バスターミナルまで1時間45分。東村まで車で30分。
≪問い合わせ≫
東村企画観光課
☎ 0980・43・2265
やんばる自然塾
☎ 0980・43・2571
日本パインアップル缶詰協会
☎ 03・3501・6957

【タコ】
ギリシャ・コルフ島
≪アクセス≫
日本からギリシャへの直行便はない。成田からミュンヘンなどを経由してアテネまで、乗り継ぎ時間を除いて約 14 ～ 17 時間。アテネからコルフ島までの航空便は 1 時間。
≪問い合わせ≫
ギリシャ政府観光局
☎ 03・3505・5917

マブロマティス社（http://www.koumquat.com/）の金柑リキュール。スパイシーな甘さは、ソーダで割っても。金柑ジャムなども。

【チャイ】
トルコ・リゼ
≪アクセス≫
成田からイスタンブールへは直行便で約 13 時間。リゼへは、イスタンブールからトラブゾンまで空路 1 時間 45 分、さらに車で 30 分。
≪問い合わせ≫
トルコ政府観光局
☎ 03・3470・6380
http://www.tourismturkey.jp/

【ウマヅラハギ】
新潟・粟島
≪アクセス≫
東京駅から新幹線で新潟駅まで 2 時間、特急で村上まで 50 分。バスで 10 分の岩船港から高速船で粟島まで 55 分。
≪問い合わせ≫
粟島観光案内所
☎ 0254・55・2146

【短角牛】
岩手・久慈市山形町
≪アクセス≫
東京駅から新幹線で二戸駅まで 3 時間。山形町まで車で 1 時間。
≪問い合わせ≫
JA 新いわて久慈営農経済センター畜産酪農課
☎ 0194・52・1548
久慈市役所山形総合支所（闘牛関連）
☎ 0194・72・2111

【ホップ】
岩手・二戸市周辺
≪アクセス≫
東京駅から新幹線で二戸駅まで 3 時間。軽米町までは車で 30 分。
≪問い合わせ≫
二戸市観光協会
☎ 0195・23・3641
軽米町観光協会
☎ 0195・46・4746
サッポロビールお客様センター
☎ 0120・207・800
※緑風荘は火事で全焼し、営業を休止中。

食べものがたり

柿
イチジク
ミカン
落花生
かんぴょう
こんにゃく
米
酢
シシャモ
トビウオ
唐辛子
クランベリー
カキ

秋

秋

柿　自慢の甘味、香港へ

福岡　朝倉市

柿の木のある風景といえば、農家の庭先に一本だけ、数少ない実を残した姿が目に浮かぶ。晩秋の寂りょう感を絵に描けばこれ、という典型だ。

そんな柿の木が、ここでは見渡す限りの山を覆う。実どころか葉まで赤く色づく景色に圧倒される。

福岡県の南部を東西に横切る筑後川流域は、国内でもトップクラスの甘柿の産地。北岸の朝倉市杷木《はき》地区には、山ばかりか平地にも「柿狩り」の果樹園がひしめき、川沿いの国道には柿農家による即売所が並ぶ。まさに柿一色だ。

秋から冬にかけて、いくつもの品種が順繰りに旬を迎え、一一月には富有柿が盛り。甘くみずみずしい果実が、一つ一つ手で収穫されていく。

杷木は古くから柿の産地だった。「大正天皇が陸軍の九州演習にいらした時、ここの富有柿を献上したそうです」。柿農家の日野調栄《ちょうえい》さん(60)が話す。

ただし、その頃は主に平野部で作られていた。現在のような柿山になったのは一九七〇年前後。日野さんが高校を卒業して家業の農家に加わった頃でもある。「家では畜産をしていたんだけど、団体営農事業で山が開墾され、私は柿を始めたんです」

南向きの斜面は日当たりがよく、日中と夜間の温度差が大きい。そんな気候条件が、色づきがよく甘味の強い果実を育てる。

柿山の段々畑に実る富有柿。日野調栄さんは熟し具合をみながら一つ一つ収穫していく

ところが、近ごろ柿は人気がない。刃物で皮をむかないと食べられないことが、若者から敬遠されているという。

柿が余れば値段は下がる。かといって捨てるにはしのびない。活路として期待されているのが香港への輸出だ。二〇〇八年からまとまった量を出荷するようになった。

輸出を手がける丸進青果（福岡市）の宮本秀威営業部長は「香港の人は柿が好き。日本の柿は、おいしくて安全なため、あちらでは高級品です。できればもっと増やしたい」と話す。

とはいえ、日本人の感性に深くしみこんだ果物の生産現場が、輸出によって支えられるというのも、いささか寂りょう感を覚える話ではあるのだが。

柿渋効果、タオルに応用

柿は日本でも最も古くからある果物のひとつ。奈良時代に中国から渡来したと言われる。「柿が赤くなると医者が青くなる」ということわざが残るほど、栄養価の高さは知られていた。

「ビタミンCはミカンより多いし、ポリフェノールも豊富。健康ブームというんだから、もっと食べてもらえるといいのにな」と、JA筑前あさくら・かき部会長として五八〇戸の柿農家を束ねる日野調栄さんがぼやくのも無理はない。

そのまま食べる以外にも、柿はさまざまな形で利用されてきた。その代表格が柿渋。

渋柿を青いうちに収穫し、砕いて水に浸しておくと、水は褐色の液体になる。主成分はタンニンで、防水や防腐に効果がある。農山村や漁村では、漁網や養蚕の道具、酒袋、うちわ、漆器など生活の随所に用いる必需品だった。板塀や柱など建材の塗料としても使われた。

柿渋染めのボディータオルは、殺菌・消臭作用が人気。日光に当てるほど色が濃くなるという（工房夢細工で）

戦後は化学製品の普及で廃れたが、最近は柿渋染めが注目されてきた。

筑後川流域の果樹地帯から車で約三〇分、朝倉市の北部に〝九州の小京都〟との異名をとる秋月がある。江戸時代に黒田藩の支藩だった秋月藩、秋月城の城下町。城跡の門や武家屋敷、花こう岩で作られた目鏡橋など、当時の面影に風情がある。

その秋月の町外れで、茶色のタオルが風にたなびいていた。工房夢細工の柿渋染めだ。隣には赤や藍《あい》など、違う色の布地も。「草木染の上から柿渋で染めたものです。風合いに深みが出るし、下の色が退色しにくくなります」。染色部チーフディレクターの塚本奈緒子さんが話す。殺菌効果を生かしたボディータオルやふきんも好評という。

　塚本さんに柿渋染めの実際を見せてもらった。こした柿渋の液に布地を浸し、絞って干す。え、それだけですか、と言いたくなるほど簡単な作業だ。

「柿渋は落ちにくいので、ほかの草木染のように色止めをする必要がないんです」。ただし、思うような色を出すのは簡単ではない。「気候に左右されやすく、同じものを作るのは難しい。作業はシンプルですが根気がいります」

稲作シーズンが終わり、静かな姿を見せる二連水車。春から秋にかけて三連水車や二連水車が田畑を潤す

　工房夢細工は、広告写真家・プロデューサーとして活躍していた小室容久《やすひさ》社長が作った草木染工房。化学染料を一切使わず、桜染め、屋久杉染めなど独創的な製品を作る。
　秋月に来たのは九二年。「秋月の名物は葛《くず》と和紙、どちらも水が決め手です。水がきれいというだけでなく、川、井戸、わき水など多彩な水系がある土地は珍しい」（小室さん）
　市の南に行けば、江戸時代に作られた三連水車が今も稼働して、用水の水で田畑を潤す。現役では日本最古、国の史跡にも指定された。夏の筑後川では鵜《う》飼《か》いも行われる。
　朝倉の各地には、水の文化が息づいている。

ＪＡ筑前あさくらでは、朝倉の柿を原料にした柿ワインを販売している

秋

イチジク

「市の象徴」加工品に力

兵庫　川西市

午前四時。夜明けには間がある星空の下。ごつごつと節くれだった木の枝に大きな葉が生い茂る、密林のような畑に、ちらちらと光が見え隠れする。イチジク農家の人々が、ヘッドランプの光を頼りに果実をもぐ。兵庫県川西市の南部、久代の果樹畑での光景だ。「その日にとれた分を、その日に食べてもらうために、この時間にもぐんです」。吉川進さん(68)は話す。紫に熟した取れたてのイチジクは、ねっとりと甘い。

川西産イチジクはほとんどが大阪市内に出荷される。完熟した実しか食べられず、日持ちもしないため、収穫期のお盆前から一〇月初旬まで、吉川さんは一家総出で早朝の作業に精を出す。一個一個、手でもいだ果実を箱に詰め、共同出荷場に届ける。

大阪府との県境に位置する川西市は、古くからクリやモモなどが作られてきた果樹地帯。とりわけイチジクでは国内有数の産地で、日本で最も多く作られている「桝井《ますい》ドーフィン」という品種の栽培に最初に成功した土地でもある。

「萩原という地区でしたが、今はすっかり町になってしまった」。大阪のベッドタウンとして、住宅開発の波は久代や加茂などの果樹地域にも及んでいる。イチジクは兼業でも栽培しやすいので盛んだが、「農家は減ることはあっても、増えることはない」と吉川さん。

ほとんどが生食用として出荷される川西のイチジクだが、最近は加工製品も登場している。農協ではイチジクワインを売り出し、商工会はイチジクの葉を原料にしたお茶「凛《りん》雫《だ》」を開発した。

お茶づくりを主導した喜谷千恵美

夜明け前から行われるイチジクの収穫。「熟し具合は手触りで判断する」と吉川進さん

さん（55）は、本業は運送会社の社長。地元では誰も経験がなかったお茶作りの製法開発から、量産を引き受けてくれる工場探しまで、独力で突き進んだ。

「川西といっても東京では誰も知らない。『伊丹空港の北』とか『宝塚の隣』などと説明するのでなく、川西そのものを知ってもらいたい一心でした」

最近、上京した際に、カフェのドリンクメニューに「兵庫産イチジク」の文字を目にした。

「こういうところに『川西産』と書いてもらえるようになったらいいな、と」

農業と縁のない新住民がどんなに増えても、地元を振り返った時に象徴と感じるのは、やはり土地が生み出した産物に違いない。

とろける甘さを菓子に

　ケーキやクレープからパイ、まんじゅう、ゼリー、甘露煮、生チョコレート、せんべい、ようかん……。ずらりと並んだ和洋菓子の数々、すべて川西産のイチジクが用いられている。「お土産にできる地元の特産品を」という市商工会の呼びかけで、川西・猪《い》名川《ながわ》菓子工業組合に所属する八つの菓子店が開発した製品だ。

　もっとも、それ以前からイチジク製品を作っていた店もある。洋菓子店「おおたに」を営む大谷一彦さん(46)は、パリで二年間、菓子職人の修業を積んだ後、神戸のレストランに勤め、三十代なかばで故郷の川西に戻って店を開いた。せっかく帰ってきたのだから地元のものを使いたい、という思いで、イチジクのパウンドケーキなどを作ってきた。

「川西のイチジクは、よその産地のものと甘さが違って、とろけるような味わいがある。生クリームとよく合うんです」

半田市内には、昔ながらの板塀や白壁をぬうように、江戸時代の街道が残っている

　一方、和菓子の素材としては、難しい面があったという。工業組合の組合長を務める和菓子店「上政」社長の上野和信さん(54)は、「進物用の和菓子は日持ちがすることが前提。イチジクは傷みやすいのでどうしようかと思った」と話す。新鮮なうちに砂糖で練ったり炊いたりすることで和菓子の原料になった。同じく和菓子店「照月堂」ではジャムも販売しているが、「イベントなどに出すと意外によく売れるんです。三種類くらい新製品も出したい」(古谷順二郎社長)と意欲的だ。

　二〇〇八年春、八店の製品を集めた詰め合わせセットを

「いちじく畑からの便り」と名付けて売り出したところ、当初用意した三〇〇箱を超えて、一〇〇〇箱以上が売れた。二〇一一年秋からは川西駅前のアンテナショップで販売する予定だ。

「川西は、よそから越してきた人が多いので、イチジクが地元の名産と知らずに、『なぜイチジクなの』と聞かれたりする。せっかくおいしい特産品があるのだから、掘り起こしていかないと」と上野さん。菓子の原料に向いた品種を栽培する試みも始めているという。

多田神社には朝早くから近隣の人がお参りに訪れる。拝殿の雰囲気は荘重だ

サイダー生んだ鉱泉も

南北に細長い川西市。JRと阪急電鉄が通り、市役所などが集まる南部から、猪名川沿いに北上すると、豊かな自然が残っている。

川西能勢口駅から車で約二〇分ほど北にある平野には良質な鉱泉があり、一八八四年（明治一七年）には清涼飲料水として商品化された。現在の三ツ矢サイダーのルーツだ。

イチジク茶「凛雫」は、ほのかな甘みと香りで上品な味わい

近くには清和源氏の祖、源満仲が居城を築いた多田神社がある。全体が国の史跡、江戸時代に再建された本殿や拝殿が重要文化財に指定されている名勝だ。

未明にイチジクの収穫を取材したその足で神社を訪ねると、森に囲まれて清澄な雰囲気。早朝から近所の人々がお参りに訪れ、あいさつを交わしている。大阪市街から一時間あまりの近郊だが、時代の変化の波も、この境内にまでは及ばないようだ。

秋

ミカン「糖度12」恵みの数字

熊本｜熊本市

どんな世界にも〝魔法の数字〟がある。野球の「ラッキー7」、サッカーの司令塔「背番号10」……、果物では「糖度12」が、そう。モモでもナシでも、この数値超えが高級品につながる。

「ミカンにも当てはまるね」と、児似JA熊本市柑橘《かんきつ》部会長の津田忠雄さん（58）。「うちでは、一二以上をハイグレード商品『夢の恵』にしている。生産農家はみんな、それを目標に作っとります」

津田さんが住む熊本市河内町は「日照時間が長く、雨が少ない」地の利を生かし、「二〇〇年以上前からミカンを栽培していた」日本最古の産地のひとつ。「技術にはプライドがある」。高品質果実を安定供給するために一三年前、「出荷品をすべて糖度センサーに通すシステムを、世界で初めて導入した」と胸を張る。

「12」が脚光を浴びたのは、昭和四〇年代以降だ。食味調査で、一二・五の糖度で日本人の八割が「うまい」と感じるというデータがでた。だからこそ、元々「12」を少し欠ける糖度が多かったミカンにとって、クリアすべき数字になった。

もうひとつ、今重要なのは酸度。「若い人は酸味が苦手。〇・八あたりが指標かな。一とか一・一だと、酸っぱいって言われる」と津田さん。

二〇〇九年冬のミカンは小ぶりで酸が残る実もある。お盆過ぎに雨が少なかったからだ。「よく熟成して、

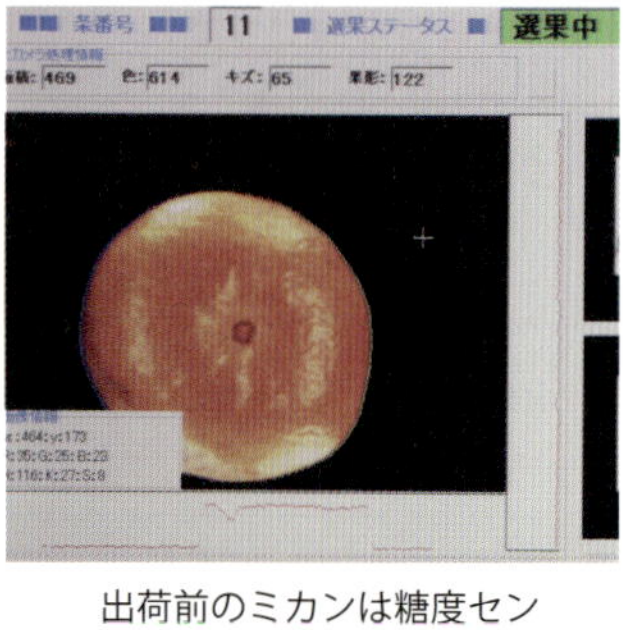

出荷前のミカンは糖度センサーを通して品質を管理

熊本果実連の加工場では、年間一万五〇〇〇トンのミカンがジュース用に搾られる

身は入っているけど」と生産農家の中川晃一（52）さん。規格にはずれたミカンが運ばれるのは、JA熊本果実連の加工場だ。

ここでは年間一万五〇〇〇トンの果実を搾る。ざざざざざ、とトラックから流し込まれる中からひとつ、へそにツメを立て、四等分して袋のまま食べてみる。甘さを際だたせるほんのりとした酸味、懐かしい味。え、これが加工用？

「地元の者はこういうちょっと酸っぱいのがやっぱり好きなんだけどね」と、中川さん。甘ければ甘いほど持てはやされる風潮に合わせるのは、作り手にとって、ある意味我を捨てることでもあろうか。津田さんがぽつりと言った。

「これで作るジュースはうまいよ、きっと」

名物の石垣、保守の誇り

「ぬしら、陸からしか見とらんからわからんやろが、海から見るミカン山はまっこときれいか。一一月や一二月は山中真っ黄色で、それはそれは見事なもんたい」

ＪＡ熊本市柑橘部会長の津田忠雄さんは、有明海で操業する漁師から、そんな風に言われたことがある。熊本市のミカン生産の中心地となる河内町は、熊本平野にぽつんと一つだけそびえる標高六六五メートルの金峰山の山肌あたりにある。特徴的なのは、段々畑を下支えする石垣。何重にも山を取り巻き、この土地の名物になっている。

ミカンの手入れをする津田忠雄さん（手前）と中川晃一さん。「今年は味は良いが小粒」という

「何しろ、熊本城の石垣を築いた職人の子孫が作ったものですから」。ＪＡ熊本果実連青果事業本部課長の西山一成さんはそう胸を張る。「全部合わせると間違いなく五〇〇〇キロ以上はある。万里の長城（約八八〇〇キロ）に匹敵する、という人もいます」とは津田さん。上に行くほど角度が垂直に近づく「武者返し」に特徴がある熊本城の石垣。それは、この日本三大名城の、ひとつの特徴でもある。

熊本の街を歩いて思うことは、過去の歴史がきれいに整理され、時に復元されて残っていることだ。そもそも市の象徴、熊本城ですら西南の役で焼失した大小天守などを、一九六〇年以降に復元したものである。旧制五高で教べんを執った二人の文豪、小泉八雲と夏目漱石が住んだ家は、今も町中に保存され、記念館として観光客を迎え入れている。

〈九州という土地は、日本の国でもいちばん保守的な地方になっている〉と「九州の学生とともに」という随筆にしたためた八雲（平井呈一訳）は、〈この地方の保守主義というのは、すこぶる合理的な、かつまた実践的な保守主義〉とも書く。

その精神とは、〈農業の改善や鉄道の敷設などは、いち早く取り入れる〉一方で、〈特有の因習・伝統をお国自慢にしている〉ものだ。土地柄は二一世紀に入っても変わらない。路面電車が走り、馬刺しなどの郷土料理が残る街で、サッカーのJリーグに昇格したロアッソ熊本も「なくてはならないものになりつつある」と、生産農家の中川晃一さん。

金峰山のミカン畑から島原湾を望む。
雲仙普賢岳の頂上に夕日が沈んでいく

その中川さんのミカン畑は、金峰山の中腹、標高二〇〇メートルばかりの所にあった。有明海に反射した太陽が、黄色い果実を照らしている。夕日はちょうど、雲仙普賢岳の頂上越しに姿を消していくところだった。

「冬場になって、空気が澄んでくるとね、もっとはっきり雲仙が見えるとよ。こっから絵を描かせてくれ、という日曜画家の人も来よるね」

段々畑の向こうに見える美しい海。ただ、「食の多様化や後継者問題で、ミカンをやめる農家が出始めた」と津田さん。「ちゃんと保守管理しないと、石垣は土に戻ってしまう。次の時代にこの風景を残すために、何か手を打たなければ」。自分たちの伝統にプライドを持つ。熊本人の気質は、ここにも残っていた。

馬刺しや辛子レンコンなどの定番に加え、でこぽんのジャム、みかんソースなど、食品は豊富

秋

落花生　甘み育む晩秋の北風

千葉　八街市

　東京駅から電車で約八〇分。ＪＲ総武線の八街駅で降りて五分も歩けば、のどかな田園風景が広がりはじめる。その畑の中に、こげ茶色をした巨大なドングリのようなものが点在している。この奇妙で愛らしい物体の正体は、野積みにした落花生。「ボッチ」と呼ばれ、晩秋の風物詩になっている。

　ボッチ作りに精を出す蜂谷隆行さん（53）一家は、明治期にこの地を開墾した先祖から五代続く落花生農家だ。落花生を一株ずつ実のついている方を中心部に向けて円筒状に積み上げていく。一〇日ほど前に畑から掘り起こし、天日乾燥した落花生だが、まだ十分に水分が残っている。三〇個強の実がなった一株がけっこう重い。

　三〇分ほどで直径一メートルほどのボッチは、身長一六一センチの蜂谷さんより高くなり、今度はコンテナ箱を踏み台にして積み上げる。二メートルほどの高さになったところで、てっぺんに青いシートをかけ、ビニールひもで固定した。ボッチは落花生自体の重みで、びくともしない。

　隣で作業していた父の正雄さん（83）が「おれの若いころは、ボッチの上に乗って、もっと高く積み上げたもの。この年では、おっかなくてできないけどね」と自慢した。

「七月に黄色の花が咲いてから九五日。雨が少ない一〇月にボッチを作り、筑波おろしの北西の風にさらして一か月ほど乾燥させる。すると、落花生の実の渋みが抜け、甘みと油がのる」と隆行さん。

　他地域では機械で乾燥させる農家もあるが、ここでは昔ながらのやり方が守り続けられている。「じわじ

夕暮れが迫ってもボッチ作りに精を出す蜂谷正雄さん、敏子さん夫妻

わ乾燥させるからおいしくなる。だれが考えたのかは知りませんが、ボッチ作りだけは変えたくない」。八街産落花生への自負が、砂ぼこりまみれになる重労働を支えている。

二〇〇八年の夏は暑く、雨量も適度にあったことから、「豊作で豆の質もいい」という。「豊作だと落花生の実の数も多く、一株が重くてね」と母の敏子さん(78)。それでも収穫の喜びは何ものにも代えられない、という笑顔を見せた。

秋の日はつるべ落とし。蜂谷家にとって、この時期は、エン麦まきやニンジンの収穫と一年間で最も忙しい。午後三時の休憩もそこそこに、再びボッチ作りにとりかかった。午後五時をまわると、日も地平線に沈む。一家の姿が畑のシルエットになるまで、作業に追われていた。

砂ぼこりに埋もれぬ誇り

柔らかい赤土の畑が多い八街は、落花生を脱穀する晩秋になると強い北風で砂ぼこりが舞う。

「昔はリヤカーにボッチを乗せて運び、一粒一粒、落花生を手でもぎ取った」と蜂谷正雄さん。今はボッチをトラクターで運び、乾燥した落花生を少しずつ脱穀機にかける。軽い枝片が砂ぼこりとともに舞い上がり、実の入った落花生が機械の下に落ちる。

焙烙《ほうろく》で煎《い》った豆をいただいた。パリッとした歯ごたえがあり、ほろ苦さの中に落花生のコクと香ばしさが広がる。薄皮をむくのがもどかしいほど、「やめられない」うまさだ。

息子の隆行さんが、「掘り起こした落花生をそのまま塩ゆでにしたものが一番うまい。来年の一〇月にまた来なさい」と教えてくれた。

でも、そう聞くと、来年まで待てそうにない。近くのフクヤ商店を訪ねると、莢《さや》付きのゆで落花生を詰めた商品が売られていた。

軟らかいので、口に含んで莢を破ると、豆と煮汁が出てきた。煮汁の塩味がアクセントとなり、何とも言えない甘さだ。新しい味との出合いに思わずほおが緩んだ。

落花生の卸専門店だったフクヤ商店は、現在、加工製品を直接製造販売している。落花生の国内生産量は二〇〇六年で約二万トン（農林水産省統計）。そのうち千葉県内で

ベルトコンベヤーで運ばれた落花生を手作業で選定する（フクヤ商店で）

一万五四〇〇トンが生産されている。それでも国産品は、国内消費量の約一一パーセントにすぎない。

「かつては東京や大阪に落花生を原料として提供するだけでした。ニンジンやスイカに比べて、落花生は一反あたりの収入が低く、生産農家も減っている。でも、八街産の落花生をおいしいと言ってくれるお客さんがいる。そこで生産者の顔が見える産地直送方式に変えた」と福田守社長（61）は話す。八街産への自信と誇りが、店の奥に工場を作る原動力になった。

工場をのぞくと、収穫期の一一月だけあって、農家から麻袋に詰められた落花生が次々と運び込まれていた。洗浄された落花生がベルトコンベヤーに乗って運ばれ、手作業で選別されていく。

ＪＲ八街駅北口には詩人白鳥省吾が詠んだ「落花生讃」とともに、オブジェが建立されている

店では、チョコレートをかけたものや、ピーナツペーストにした商品も並んでいる。おみやげにして評判がよかったのが「極細バタピー」で、規格外の落花生をバターで炒《いた》めたものだった。

地上に花が咲き、しぼんだ花が地中に入り込み、地下五センチほどのところで実になる。「花が落ちて地中で実が生まれる＝落花生」は、一度に掘り起こされるため、落下の時期にずれがあって未成熟のものも同時に収穫される。それが規格外となるが、「小さいだけで味は抜群。人気商品ですが、個人的には莢付きで煎ったものが一番」と福田社長。

「砂ぼこり」と「誇り」。落花生作りのために失ってほしくないものが八街にはある。

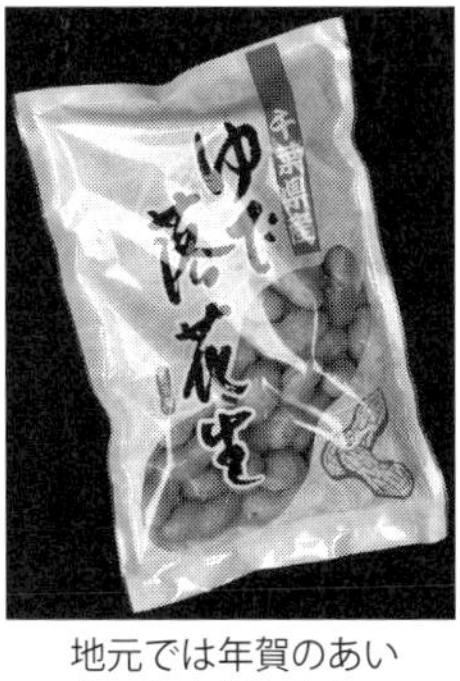
地元では年賀のあいさつにも使われる

秋

かんぴょう

「栃木の味」後世に残す

栃木　壬生町

かんぴょう（干瓢）は、文字通り「ふくべ（瓢）」と呼ばれるウリ科ユウガオの実を干した加工品だ。だが、一抱えもあるさわやかなヒスイ色の玉と、すしだねのあの「食べるヒモ」とが結びつかない。

午前四時。栃木県壬生《みぶ》町の生産農家、中川善市さん（72）を訪ねて謎がとけた。軒先には直径三〇〜四〇センチの実がごろごろ転がっている。「もう一三〇個はむいたな」。たばこをはさむ指先は緑色だ。あたりには甘く青臭い、ウリ特有のにおいが漂う。

長男の雅史さん（29）が、実に鉄の芯棒をすっと差し込んで電動のロクロにセットし、ペダルを踏む。回転する緑の玉にカンナをあてると、皮に続いて白い果肉がするすると飛ぶように削れる。幅四センチ、厚さ二ミリ。一個あたり一分もかからない。

妻のりき子さん（60）がそれを約二メートルの長さにそろえ、竹ざおでハウスに運ぶと、善市さんが手際よく等間隔に並べていく。午前二時に始まる三人の連携で、明け方にはハウス内にかんぴょうの白すだれがずらりと並ぶ。保存料の硫黄で薫蒸しながら二日間干すと、水分が抜けてうまみが増す。

父は五年ほど前、息子に「かんぴょうむき」の作業を譲った。一人前と認めたからだ。だが、雅史さんは「おやじは皮にツメを立てて熟れ具合を見る。あの硬いツメにはかなわない」と打ち明ける。

ふくべを収穫する中川善市さん

かんぴょうは一八世紀初め、近江水口《みなくち》（現滋賀県甲賀市）から壬生藩に国替えされた領主の鳥居忠英《ただてる》が、産業振興策として旧領地からもたらしたとされる。関東ローム層の地質と気候が栽培に適し、壬生周辺は一大産地となった。米や麦作の手が空く六〜八月の作業で安定した現金収入が見込め、現在も全国生産量の九八パーセントを栃木県産が占める。

だが、授粉、収穫、加工の主な作業が酷暑に集中、早朝から夜まで続く重労働が嫌われ、生産農家は年々減っている。今や消費量の九割を中国からの輸入に頼る。

壬生町で明治時代から続くかんぴょう問屋「ヤマケ」の毛塚俊照会長（77）は長年、仕入れ先の確保のため、中国での生産を進めてきた。だが「やはり国産の方が質がいい。栃木の味を守りたい」と、数年前から自社加工に取り組む。

生産農家の負担を減らすため、かんぴょうむきと乾燥は問屋が担う試み。敷地内にあるハウスで、かんぴょうのすだれがひらめいていた。「手応えを感じています」

白くて長いかんぴょうは、家族の心を結び、伝統をつなぐ「ヒモ」でもあった。

まだ暗いうちから明け方まで中川雅史さんはかんぴょうをむき続ける

英明な藩祖、学問に力

「今残さないと消えてしまう」。

四〇年ほど前、夫の転勤で県外から壬生に隣接する石橋町（現下野市）へ移り住んだ和紙人形作家、田村顕衣《あきい》さん（77）は、埋もれゆくかんぴょう作りの情景を後世に残したいと考えた。

「『でれすけ（ばか）!』『人の苦労がおもしれえか』とどなられながら作業を見せてもらったんです」

　地道な聞き取りを二〇年以上続け、苗作りからかんぴょうの取引まで、江戸時代の作業風景を人形を使って三〇場面に再現する。かんぴょうむきは今と違って、輪切りにしたふくべの内側から、かんなで削りだしている。一三センチほどの人形は感情豊かで、まるで今にも働きだしそうだ。

「ある夜、人形が『しんどいこと何もねえべさ』と語りかけてきたのよ」と、田村さんが不思議なことを言う。地元の展示会では、「おらの姿だんべや－」と感激する人たちも多かったという。「先人の骨折りがあって今の潤いがある。感謝しなくてはと思います」

田村顕衣さんの作る和紙人形。昔懐かしいかんぴょうむきや乾燥作業にせっせと励む

　そのかんぴょうをもたらしたとされる初代藩主、鳥居忠英。「学問の種を持ってきた人でもあります」と、壬生町立歴史民俗資料館の学芸係長、中野正人さん（49）。壬生は徳川家の日光参拝の途上にあり、幕府の要職「若年寄」に就いた忠英は栃木で初めて藩校「学習館」を作り、文教政策にも力を入れた。城址公園に隣接する学習館跡には町立壬生小学校が立つ。忠英公をしのび、郷土を知る学習として、子供たちが毎年かんぴょう作りに取り組んでいる。

　忠英の学問の精神は脈々と受け継がれ、文政九年（一八二六年）、六代藩主となった忠挙《ただひろ》は、積極的に蘭学《らんがく》）を取り入れる。中でも藩医として登用された蘭方医の斎藤玄昌《げんしょう》は、人体解剖の様子を記録に残し、国内でもいち早く種痘を取り入れた。戊《ぼ》辰《しん》戦争時は、野戦病院で負傷者の治療に当たったという。玄昌ら蘭学者が住んだ街道沿いは今、「蘭学通り」と呼ばれ、その名残をとどめている。

壬生町の蘭学通り。昔ながらの履物店など古い建物が残る

旅の終わりに、かんぴょう料理が食べたくなり、とちぎわんぱく公園内にあるレストラン「花みどり」に足を運んだ。農家の主婦たちが、地元食材で作った料理を提供しようと始めた店だ。

五目ずし、卵でとじたみそ汁、煮物、竜田揚げにゴマ酢あえ……。かんぴょう尽くしの料理に驚かされる。弾力のある食感で、ほのかに甘く、酢飯になじみながらゴボウやシイタケの味を引き立てる。みそ汁はふんわりとした卵と相性がよく、しんなりした竜田揚げは意外にビールと合いそうだ。

レストラン「花みどり」では、かんぴょう尽くしの料理が楽しめる

「味に主張がないから主役にはなりにくいけど、逆にいろいろな料理に使えるんです」と、レストランを運営する「ゆうがおの丘」社長の田辺和子さん(62)が胸を張る。食物繊維やカルシウムも豊富。優秀な健康食品でもある。

かんぴょうを巡る人々の思いの豊かさ、歴史の奥深さ、そして食材としての多彩さ。「食べるヒモ」などと表現した想像力の乏しさを恥じた。

秋

こんにゃく

練りが命、かむ快楽

群馬　下仁田町

こんにゃく作りの過程はシンプルだ。コンニャクイモに含まれる食物繊維コンニャクマンナンを抽出した粉を、湯で溶き、練り、凝固剤（石灰など）を加えて練り固め、ゆがいてアクを抜く。

「短時間でも作れますよ。一般向けの体験教室では、二時間くらい」。下仁田町で手作り工房「群馬やまふぐ本舗」を営む佐々木信也さん（47）は話す。

だが、佐々木さん自身のこんにゃく作りには、たっぷり二日間を費やしている。大半を手作業で行い、工程の間には、じっくり寝かせて最適のタイミングを待つ。こんにゃく作りの機械化が進む中、昔通りの製法にこだわる。

「凝固剤を増やせば、すぐに固まる。でも、おいしいものを作るには最小限がいいし、そのためには時間もかかります」

甘辛く煮付けたこんにゃくを食べさせてもらうと、ぷりぷりした弾力と歯ごたえがあり、それでいて無理なく歯が通る。大袈裟《おおげさ》にいえば、かむ快楽を覚える食感だ。板こんにゃく、さしみこんにゃく、しらたきなど多品種を少量生産。在来種の生イモを用いたり、昔ながらの天日乾燥での製粉も。

「原料それぞれに特性があり、気候によって固まり方も違うから、手で状態を確かめながら、加減して仕上げていく。昔はこんにゃく屋を『練り屋』と呼んだくらいで、練り加減が肝心です」

地元のこんにゃく製粉業者の家に生まれた父が開いた店を引き継いだ。父の作業を見てこんにゃく作りを覚え、製法や道具に工夫をこらしてきた。ボイラーより味がいいから

切り分けたこんにゃくを熱湯でアク抜き。佐々木信也さんの二日がかりの作業は仕上げに近づく

と、じか火で湯を沸かす釜を設けた。型枠は木製で、内側が漆塗り。練り機も改造した。地道な努力は、県から「ぐんまの達人」の認定も受けた。

「せっかく下仁田でこんにゃくを作ってるんだから、食文化として残したい。ウチみたいのも一人くらいはいた方がいい」

群馬県はこんにゃくの一大産地。とりわけ下仁田は、県出身者なら知らぬ人のない「上毛かるた」に〝ねぎとこんにゃく下仁田名産〟と謡われる中心地だ。だが、今は国内のこんにゃく消費量そのものが減少傾向にある。

「でも、こんにゃくは日本特有の食文化であり、技術。海外に広めることもできるのでは」

山あいの町から、こんにゃくを通して世界を見ている。

富国強兵、支えた桑畑

群馬県は日本のコンニャクイモ生産の約九割を占める。産地は渋川市、昭和村など県内全域にわたる。イモ自体の収穫は多くない下仁田がこんにゃくの町と呼ばれるのは、製粉業者が集まっているからだ。

掘り起こされたコンニャクイモ。細長い生子が、次の春の種イモになる

「昔のコンニャクイモは、水はけのよい急傾斜地でしか栽培できませんでした。下仁田の西隣、長野との境にある南牧村《なんもく》の段々畑が主産地で、それをここで製粉していたんです」

製粉会社「神戸《かんべ》万吉商店」を営む神戸春巳さん（55）が話す。戦後、品種改良により平地で育つイモが開発され、群馬は日本一の産地になった。

コンニャクイモの栽培は三、四年がかりだ。冬の間は凍結を防ぐため倉庫に保管し、春にまた畑に戻す。神戸さんとともに有機栽培グループを作っている富岡市の戸塚正行さん（60）の倉庫を訪ねると、大きさで分類されたコンニャクイモの箱が高々と積み上げられていた。「同じ大きさのイモを同じ畑に植えれば、収穫期も一緒になりますから」

通常は一一月から一二月で収穫を終えるが、一部の畑では二月まで掘っている。トラクターで掘り起こしたイモが、畑に長い列を作り、イモの周辺には、ひょろりと細長い棒が散らばる。これは生子《きご》と呼ばれ、翌春に植えられる種イモとなる。畑で冬を越す栽培も試しているという。

「コンニャクイモにはセラミドという保湿成分があり、化粧品にも使われていますが、越冬イモではこれが増えるという。用途別に特化したコンニャクイモを開発できないかと考えているんです」と神戸さん。

県内のコンニャクイモ畑は、かつて桑畑だったところも多い。群馬は、明治から戦前まで輸出品として国を支えた生糸の主産地でもあった。

その象徴が富岡製糸場だ。一八七二年（明治五年）、政府によって作られた官営工場。建物はほぼ当時のまま現存しており、一昨年、世界遺産の暫定リストに加えられた。〇六年から内部まで常時公開されている。

木の柱とレンガの壁の東繭倉庫。富岡製糸場の建築工法は和洋折衷だった

「ここは研修施設も兼ねていた。全国から集まった工女が技術を身につけて地元に帰り、それぞれ工場で指導したそうです」

ボランティア解説員の江原哲二さん（66）が軽妙に語る。隣の吉井町在住で、元は建築の教師だった。

「全体に装飾が少なく、いかにも技術者が設計した建物。ここは改修したんだな、とか、見るたびに発見があって面白いですよ」

かつて県内では広く養蚕が営まれ、工場で作られるだけでなく、農家が手仕事で生糸を引いた。下仁田でもこんにゃくと養蚕を手がける農家が多かった。

神戸さんは今、桑茶の開発にも取り組んでいる。

「町内に桑畑もあるし、農協のお茶工場も使われなくなっていたので、再利用です。新しい事業はすぐ成果が出るから楽しいですよ」

こんにゃくと桑。歴史を背負った産物が、再び地域の未来を開く期待を背負っていく。

駅近くの旅館「常盤館」では季節に合わせた料理「こんにゃく尽くし」が楽しめる

秋

米

漢方米輝くうまみ

福島｜郡山市

瑞穂の国、とは「日本書紀」の昔から日本の美称である。田んぼは人々と生き物たちを育み、華やかな農耕儀礼を生んできた。金色の稲穂がみずみずしく実る様子は古来、この国の豊かさの象徴だった。

　そんな郷愁を誘う風景に福島県郡山市で出会った。仙台に次ぐ東北第二の商都だが、「市町村別の米生産量はトップクラス。でも知られてないんだよね」。古川勝幸さん（52）のぼやき節が始まった。

　安積《あさか》と呼ばれる一帯は水利の悪い荒野だったが、近代初の大開拓事業で穀倉地に変わった。代々農業を営む古川さんは若き名人だ。自作のコシヒカリが国内最大の品評会で五年連続金賞に輝いた。だが、「米だけで食ってくのは大変だよ」とこぼす。

　ぼやきも無理はない。食糧管理、減反、そして戸別所得補償……。価格は下落し、田んぼは荒れ、離農が相次ぐ。瑞穂の国を支える米農家は、一貫しない政策に翻弄《ほんろう》され続けてきた。

　試行錯誤していた古川さんが八年ほど前に出会ったのが漢方農法だ。農薬や化学肥料の代わりに漢方生薬や熟成させた堆肥《たいひ》を使う。栃木県内で漢方薬局を営む星野英明さん（54）が、アレルギー患者らと接する中で食の安全性に危機感を抱き、考案した。「化学合成した肥料や薬は自然の抵抗力を奪ってしまう。植物や土も人と同様、漢方で本来の力

刈り取った稲をクイにかけて天日干しにする古川勝幸さん（右端）

を高められる」
古川さんは仲間七人と「漢方無農薬研究会」を結成。最初は雑草がはびこって一〇アール当たりわずか二俵（一二〇キロ）しか収穫できなかったが、耕運や追肥、水管理のタイミングを少しずつ覚え、六俵まで収量を上げた。手間もコストも通常の何倍もかかり、一キロ九〇〇〇円以上する高級米だが、毎年注文が殺到する。

稲刈りの合間に、漢方米で作ったおにぎりをほおばる。米一粒一粒が輝き、しっかりと弾力がある。かめばかむほど、クセのないうまみがじわじわと広がった。

「これからは景色や環境も考えた米作りをしないと。一生勉強だね」。ぼやきながら未来を描く古川さんは、新たな時代の開拓者に違いない。

明朗、開拓者精神は今も

「今の自分たちがあるのは開拓のおかげ。疎水（水路の新設や通水）で水田が開けたのだから、米作りには思い入れがありますよ」。古川勝幸さん率いる「漢方無農薬研究会」の一員、安田潤一さん（46）が言う。会津藩士だった祖先が四〇〇年前にこの地に移り住み、安田さんで一七代目という。「戊辰戦争で負けたから、水をもらうにも後回しにされて苦労したようです」と開拓の秘話を語る。

　湖水東注――それがかつての寒村、安積地方の悲願だった。奥羽街道の宿場町だったが降雨量が少なく、たびたび干ばつに見舞われた。日本海に注ぐ広大な猪苗代湖から何とかして水を引きたいと人々は考えた。

「ちょうど廃藩置県で困窮する侍たちを救う開墾地が必要でした。内務卿だった大久保利通が、この場所に目を付けたんです」と鈴木剛之さん（72）。開拓の拠点で現在は資料館となっている「開成館」で案内ボランティアを務める。

猪苗代湖や磐梯山が見渡せる布引高原には風力発電用の風車が並ぶ

　果たして、奥羽山脈にトンネルを掘り、原野に水を通す大規模な疎水工事が行われることになった。わずか三年で延べ八五万人の労力と、今の金額にして四〇〇億円相当の工費が投入され、一三〇キロに及ぶ水路が一八八二年（明治一五年）に完成した。人口五〇〇〇人の村に、近隣の会津や二本松を始め、九州・久留米や四国・土佐など九藩から二〇〇〇人が入植し、開墾に励んだ。明治政府の大規模開発事業の第一号だった。

「フロンティアスピリットっていうのかな、排他的じゃなくて明朗闊達《かったつ》、悪く言えばがさつ。そんな気質が郡山の人にはありますね」。鈴木さんが快活に笑う。

母なる湖を望もうと、車を走らせた。市の西端にある標高一〇〇〇メートルの布引《ぬのびき》高原。ダイコン畑に高さ一〇〇メートルの風車三三基が巨大な羽根を回す。現代の「開拓」の風景がそこにはあった。年間一億二五〇〇万キロ・ワット時の電力を作り出す、国内最大級の風力発電所。展望台からは青々と水をたたえた猪苗代湖と磐梯山、那須連山や安達太良山など、三六〇度のパノラマが楽しめる。

張り子のトラの絵付けをする92歳の現役人形師、橋本ミヨシさん

　貧しい時代に人々の心を慰めた郷土玩具も忘れてはならない。三〇〇年前から作られている高柴地域の張り子人形。大黒様や舞い姿。躍動感あるしぐさや目を細めて笑う表情など、見ているだけで楽しくなる。

　工房集落「デコ屋敷」の一軒、大黒屋には九二歳の現役人形師がいる。橋本ミヨシさん。二一代目の当主、彰一さん(34)の祖母だ。二〇歳で嫁いで以来、人形を作り続けている。毎日工房にちんまり座り、観光客と会話を楽しみながらトラの張り子に注意深く絵筆を走らせる。「そんなにたくさんできないの。年だからね」。完成するトラは一日二、三個。素朴さが人気を集め、半年先の分まで予約でいっぱいだという。

「伝統って、いつまでも古びないフレッシュなものなんです」。彰一さんの言葉に共感した。

漢方活性剤や虫よけなどには家庭用シリーズ「Kampo Garden」もある。発売元はアトリエ・ユキヤナギ(☎ 03・6325・1979)

秋

酢

蔵の街、まろみ掘り出す

愛知 半田市

身長一九〇センチ近い富沢宏貴《ひろたか》さん(24)が、全身の力を込めて掘り起こすのは酒かすだ。縦横三メートル、深さ二メートルのおけで三年寝かせたそれ(一五トン分)は黒々と変色し、水分も抜けて粘土のように固い。

かけらをひとなめした。品のいいチョコを思わせるコクの深い甘みが広がる。若い酒かすにありがちな角が取れ、ビンテージワインのように熟れ切っている。これを富沢さんは一日一トン掘り出す。「一年もしないうちスコップにヒビが入る」ほどの力仕事だ。

いったいこれをどうするのか。

「簡単に言えば、水でドロドロに溶かして温め、酢酸菌を仕込んで三か月ほど寝かせます。それから濾過《ろか》、殺菌して出来るのがかす酢、酒かすで造るお酢なんです」

知多半島の付け根にある愛知県半田市は、運河沿いに大小の酢蔵や酒蔵が集まる蔵の街だ。業界最大手のミツカンも二〇〇余年前の創業以来、拠点を構える。

「今は米や麦の穀物、リンゴ果汁などが酢の主原料ですが、元々初代は造り酒屋。余った酒かすを利用する手だてとしてかす酢作りを始め、これが当たったようです」。敷地内の博物館「酢の里」館長の鈴木秀人さん(59)が言う。

このかす酢を好んで使ったのが、当時の江戸で爆発的人気を呼んだ握りずしだ。米酢よりずっと値が安く、酒かす由来の甘みと風味もある。「ご飯へ塩と一緒に混ぜ込むだけでいいあんばいの酢飯になる。高価な砂糖を加えず済むから安上がりでファストフード向き。程よく飴《あめ》色がかった色合いも、インパクトが強かったはず」

江戸の握りずしは文政期(一八一八

おけに寝かせた酒かすから濃厚な香りが漂う。バケツ一杯分の酒かすが一〇〇キロ余になる

〜三〇年）に両国の華屋與兵衛《はなやよへい》が創案したと言われ、與兵衛の後継者が残した書にも「酢は三ッ判山吹《みつばんやまぶき》（かす酢の商品名）が良い」との記述が残る。今は酒かす自体が材料としては高価になり、ミツカンが造るかす酢も微々たる量だ。それでも明治のころから使い続ける蔵には一八のおけが並び、創業時からの手順そのままの酢造りが行われている。冒頭のかす掘りは、その最初の工程なのだ。

「酒かすは空気に触れると酸化するので、表面から均等に掘り進めて凹凸を作らないことが大事なコツ。掘り跡が滑らかに仕上がった時の快感は、やった人じゃないとわからないと思う」

入社六年目の富沢さんが抱く感慨にも、二〇〇年続く職人仕事の重みを感じる。

酢飯は倍、江戸期のすし

おお、デカイ！　半田運河沿いの料理店「魚福《うおふく》」で出てきた握りずしに目をむいた。マグロの赤身、コハダ、穴子、エビ、イカ。総勢五個の握りが、直径二五センチの大皿にデンと座る。通常の握りサイズの倍以上、ひと口ではまず食べられない。

江戸の握りずしを再現する酢飯。2升の米に対して200ccのかす酢を手早く回しがける（魚福で）

「標準的な握りの酢飯は一個二〇〜二二グラムで、これは四五グラム。実は江戸の握りは一個五〇グラム前後とさらに大きかった。当時の姿や味をほぼ再現したのが、このひと皿」。この道二三年の高橋雄二さん(41)が説明する。

　握りずしを創案したとされる華屋與兵衛直系の子孫が一九一〇年（明治四三年）に書いた「家庭・鮓《すし》のつけかた」を参考に、魚福が江戸前握りを復元したのは六年前だ。酢飯は二升の米に対して塩を一一〇グラム、かす酢を二〇〇CC混ぜ、砂糖は使わない。酢飯だけ味わうと、正直、かなり塩辛い。「でも厳密に文献通りだと塩は一五〇グラム必要で、これでも現代人の舌に合わせてギリギリに抑えている。何しろ昔の握りは塩が今のざっと三倍の濃さだからね」

　現代によみがえったその握りは酢飯の上の種もあらかじめしょうゆを塗ってあり、確かにしょっぱいことはしょっぱい。ただ、かす酢の甘みがそのしょっぱさとうまく調和している。砂糖なしで握り全体に甘みを醸す底力が、この酢の魅力だ。

　それにしても、街中はどこを歩いても酢のにおいがする。場所によってツンと鼻に来るところ、甘ったるい華やいだ空気を感じるところ、きりっとした酸味をイメージさせるところなど、香りのバラエティーも楽しめる。まさに酢の街だ。

「フルーティーな香り、焦げ臭、蒸

れたくさみ、金属的なクセや接着剤のようなひね香。酢の香りって実は日本酒よりずっと多様で個性的なんです」。そう話すのは、ミツカン食酢開発課の柴田圭一さん（36）だ。社内には一定の味覚や嗅覚《きゅうかく》を持つと認定された四〇〇人ほどの官能検査員がいるが、柴田さんはその中でもトップクラスの鼻と舌を持つ。

味の主な要素である五味（甘い・酸っぱい・苦い・辛い・しょっぱい）の濃淡はある程度数値で把握できても、それ以外の味わいや香りの表現は、結局人間の感覚に頼るしかない。「酢造りはその能力を最大限に生かせる仕事です」

半田市内には、昔ながらの板塀や白壁をぬうように、江戸時代の街道が残っている

第一発酵室と呼ばれる蔵で、純米酢の仕込み風景をのぞいた。酒に種酢（発酵を促すため代々受け継ぐ親酢）を加えた仕込み液の表面に、味露《あじろ》と呼ぶ酢酸菌膜をコテ状の道具で広げ、滑らかに伸ばす。細やかな力の入れ加減で膜が複雑なちりめん模様を描き、七〇を超す仕込みおけの表層が、どれも不思議な抽象画に見える。

「菌膜は顔と一緒でね。明るく元気な顔の菌膜を作ってやれるかが、いい酢になる最初の勝負どこ」。四〇年近くこの仕事を続ける遠山典男さん（57）に言われておけを見直したが、どれがいい顔かはさっぱりわからない。すべては職人の勘。複雑な味わいのゆえんだろう。

中心街の名鉄住吉町駅近くにある「半田赤レンガ建物」は、1898年にビール工場として建てられた

秋

シシャモ

神様の慈しみ、大切に

北海道　むかわ町

冬の気配が忍び寄る一〇月初旬、北海道むかわ町では店の軒先にシシャモ（柳葉魚）のすだれ干しが並び始める。漁が解禁されたのだ。

町にアイヌの伝説が残る。

ある日、神様が天上から下りて人間のコタン（集落）を訪ねると、どのチセ（家）も煙が立ち上る様子がない。飢饉《ききん》だった。哀れに思った神様が柳の枝を鵡川《むかわ》に流すと、葉は魚に姿を変えた――。「シシャモ」はアイヌの言葉「ススハム（柳の葉）」が由来とされる。

「だから、取る量も家族が食べられる分だけ。森の奥にすむフクロウやクマの分も残し、大事にしてきた」。鵡川アイヌ文化伝承保存会会長の片山幹雄さん（60）が語る。魚が遡《そ》上《じょう》する直前、シシャモカムイノミという神事で、神の恵みに感謝し、豊漁を願う。

漁師の大沢栄治さん（57）の船に同乗した。シシャモは朝日を受けて輝き、「神のくれた魚」にふさわしい美しさだった。背は銀色で、ほんのり金色がかった腹の周りはピンク色を帯びている。

だが、大沢さんは「弱音も吐きたくなるべさ」。何しろ朝六時からの操業で一五キロの箱がなかなかいっぱいにならない。それでも「あん時ほどのショックはないね」。

漁師たちは一九九一年から四年間、休漁を経験している。一時は二〇〇トンを超えた水揚げ高が減り続け、その前年、七トンにまで落ち込んだ。乱獲も理由と考えられた。「取るだけ取ればいいと思っていたけど、それからだね、資源とか考えるようになったのは」

再開後は漁船を三割減らしたうえ、シシャモが川に上るピーク日を予測し、前日に漁をやめることにし

シシャモをすだれ干しにするカネダイ大野商店の大野郁子さん

た。人工孵化《ふか》にも取り組む。資源保護の考えは周辺の漁協にも広がっている。休漁という痛みを経て、漁師たちの意識がアイヌの知恵に追いついたのかもしれない。漁獲高は七〇トン前後にまで回復した。

創業八五年のカネダイ大野商店では、買ったばかりの生干しを店内のホットプレートで焼いて食べられるとあって、客で込み合っていた。社長の妻で専務の大野郁子さん（63）は二〇年以上前から、全国のデパートで試食販売に立ってきた。「以前は国産といっても売れなかったんですよ」と顔をほころばせる。

「鵡川ししゃも」は二〇〇六年、国の地域団体商標の第一号となった。漁師や業者の努力が生んだ地域ブランドの行方を、きっと神様も見守っているだろう。

ふんわり食感、オス人気

シシャモは北海道の太平洋沖に生息する日本固有種。秋から冬にかけ、産卵のため、鵡川を含む十数河川を遡上《そじょう》する。漁はその直前、沿岸へ回遊してきた間に行われる。桁網《けたあみ》と呼ばれる底引き網を使い、漁期はわずか一か月。脂がのり、メスの腹にはみっちりと卵が詰まってくる。

港から１キロ以内の沖合で
何度も網を打つシシャモ漁

実は、国内のスーパーや居酒屋で目にする「子持ちシシャモ」のほとんどは、輸入物の「カラフトシシャモ」。国産とは種類が違うが、見た目や食感が似ていて安価なことから、国産の代用魚として広く流通するようになった。今では消費量の九割が輸入物だ。

「でも味は全然違うんです」。農協職員で「むかわ柳葉魚を語る会」会長の中井弘さん（60）に勧められ、地元の料理店で生干しの焼いた熱々を口にする。頭はサクッと香ばしく、卵の詰まった身はコクがある。オスはふんわりと軟らかい身に内臓の苦みが混じり、食べ応えのある味。地元ではメスよりも人気だという。東京の居酒屋の「子持ち」も、硬めの身とプチプチした卵の食感が魅力ではあるが、やはり風味が違う。

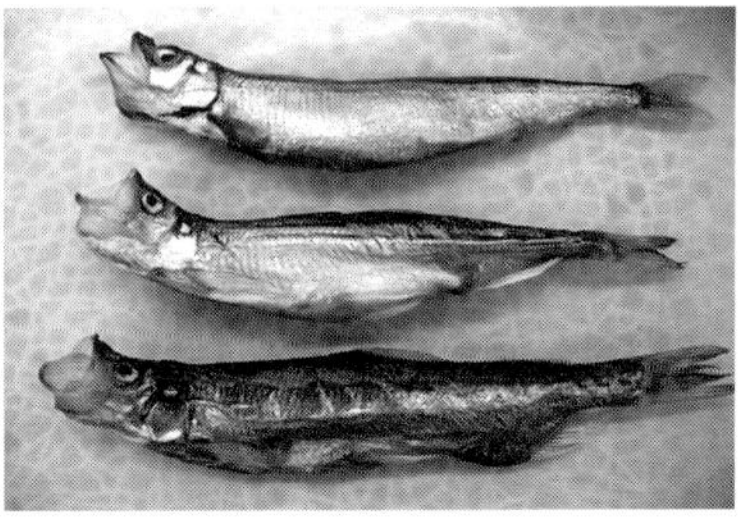
輸入魚「カラフトシシャモ」（上）は
英名「カペリン」。北極海に分布し、
川に遡上しない海魚。国産のメス
（中）、オス（下）とは形が似ている
が色合いが青くウロコが小さい

ただし、かつて川面を盛り上げたほどというシシャモも、今や一〇匹で八〇〇〜三〇〇〇円はする。地元では生を鍋にしたり、干したのを焼いたり、シシャモと言えば冬のたんぱく源の代名詞だっただけに、「あまり食卓に上らなくなったのは寂しいですね」。

中井さんは休漁期、「シシャモの町に住んでいながら、シシャモのことは何も知らなかった」と気づき、九三年に「語る会」を設立した。勉強会を開き、シンポジウムやイベントで、その魅力や大切さを発信する。

休漁は、町民にとっても自然を考えるきっかけとなった。川は海につながり、森は川をはぐくむ。漁協女性部は一九九六年から鵡川上流の森にミズナラやブナを植えている。「一〇年で海が変わるわけではないけど。孫やひ孫の時代を思って植えるのは楽しいものよ」と、女性部の長谷川久子さん（59）。今では町全体の活動に広がり、毎年春に町民一〇〇人が植樹に参加する。

産卵地を守る人びと

自然好きが集まったNPO「ネイチャー研究会inむかわ」は、河口付近のシギやチドリが減ったことに気づき、沿岸の港湾開発の影響で海岸線が四〇〇メートルも後退している事実を知る。道開発局に働きかけ、人工干潟の造成を実現させている。代表の小山内恵子さん（55）は「シシャモの産卵地も守ってほしくて。気づいたら活動が広がっていました」と笑う。子供たちや住民に鵡川に親しんでもらうためのNPOを作った河川開発業者もいる。

鵡川の河口で行われる、シシャモの豊漁を祈るアイヌの儀式「シシャモカムイノミ」

周囲の山々が色づく鵡川下流をカヌーで下ってみた。静かで穏やかな表情は、まさに母なる川。河原で焼いて食べるシシャモの味も格別だった。自然とその恵みに感謝する、町の人々の思いに近づいた気がした。

秋

トビウオ　とびっきり、炭火だし

長崎｜新上五島町

東京都内のある店で五島うどんを食べた時に「あごだし」を知った。鉄鍋でゆでたうどんを直接すくい、あごだしのつゆで食べる「地獄炊き」。薄口であっさりしていながら深みのある、つゆの味が印象に残った。

関東では耳慣れない呼び名だが、「あご」とはトビウオのことだ。西日本の日本海沿岸から九州にかけての地域で、こう呼ばれる。そのまま調理して食べるだけでなく、焼いてから乾燥させてダシにも用いる。博多では、正月の雑煮のダシは、あごと決まっているという。

五島列島は、あごの代表的な産地だ。あご漁が行われる中通島《なかどおりじま》（新上五島町）の有川湾、小串港を見下ろす高台で、焼きあご作りが行われていた。スノコの上に女性たちが輪になって座り、積み上げられたあごの山を手際よく鉄串に刺していく。

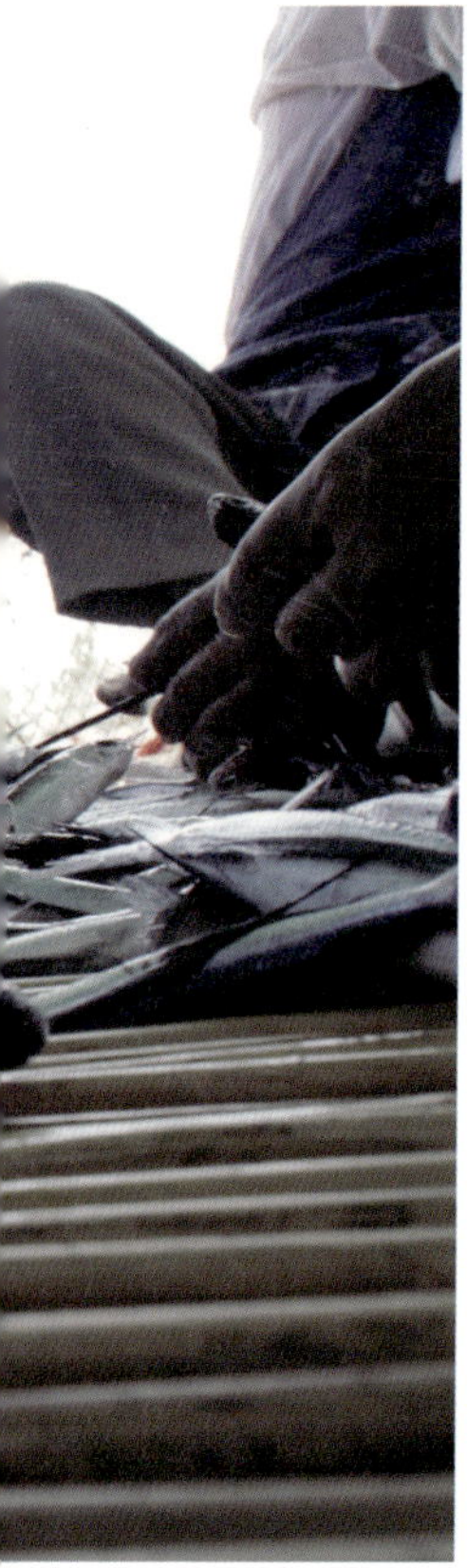

作業場は畑下直《すなお》さん（42）宅の庭先。漁師の父が取ってきたあごを加工し、「はたした」の屋号で販売している。長年、地元の新魚目漁協であごの営業をしていたが、二〇〇五年に独立した。

串に刺したあごを炭火で焼くのは妻のなをみさん（48）の仕事。製造業者の多くはガスで焼くが、畑下さんは伝統的な炭火焼きにこだわる。

一五センチ程度の小ぶりなあごを、手際よく串に刺していく（「はたした」の作業場で）

「手間はかかるが、誰かがやらないと伝統的な作り方が消えてしまう。『あごだしは炭火焼きじゃないと』というお客さんもいますしね」

腹に開いた串の穴が炭火焼きの印。焼き上がったら網に並べ、数日かけて天日で乾燥させる。すべて手作業だから社員や親族は総出、近所の人たちも手伝ってくれる。

「昔は冷蔵庫もなかったから、あごが取れたら、夜でも雨でも焼いたもんばい」。あごを串に刺して四〇年、という近所のおばさんが話す。

有川湾であごが取れるのは、九月から約一か月。今は水揚げを港の冷凍倉庫に保存できるから、あわてて夜中に焼く必要はない。

だが、この高台から見下ろす港に漁船が戻ってくる光景の輝かしさは、たぶん四〇年前と変わらない。

うどん作りも腰据えて

「飛びよるとが、わかるじゃろ」ベテランの漁師が指さす先でトビウオが跳ねる。一〇匹二〇匹と群れをなして、海面すれすれを飛ぶ。風に乗って弧を描く姿はツバメのようだ。

取材に訪れた九月下旬は、あご漁の最盛期。畑下直さんの父、音佳《おとよし》さん(74)の漁船に同乗した。

あご漁船は二隻一組。北東の風に吹かれ、外海から湾内にやってくる群れを追って網を引く。海面近くを泳ぐあごは、魚群探知機では探せない。頼りは経験と勘だけだ。

朝六時に出港し、網を海中に投じると、二隻の船長が互いの距離を保ちながら、湾内を西に東に動き回る。内海とはいえ網は重く、五トンの漁船は傾いたまま揺れ続ける。

そのまま食べられるくらいに焼き上がったあごを、網に並べて天日干し。5日間かけて乾燥させていく(「はたした」で)

ぐるりと一望する湾内で、長屋のように延びる小串港の冷凍倉庫は、遠目にもよく目立つ。この小さな港が、トビウオの水揚げでは全国のトップクラスだ。

約二時間後。三人の漁師が網をたぐり寄せ、ウインチでつり上げて、あごを甲板のいけすに落とし、再び網を海に投げる。この間一〇分。

これを二度繰り返して港に戻ると、畑下さん一家が待ち構えていた。あごの詰まった一五キロ入りのトロ箱が、あっという間に岸壁に積み上がる。甲板を掃除し、網を整え、氷を積んで、三〇分後にまた出港。F1レースのピットを見るようだ。わずか一か月の漁期、少しでも多く取っておきたいという切実さが、人々を次の漁へと駆り立てる。

あごだしが全国に知られるようになってきたのは、五島うどんの影響もありそうだ。

五島うどんは手延べうどん。細くてコシがあり、のどごしがつるりと滑らかだ。小麦粉を練った玉を、何段階もかけて延ばし、乾燥させる。めん同士がくっつかないようにハケで椿《つばき》油を塗るのも特徴だ。

特産の椿油を塗り込んで寝かせた五島うどんの麺ひも（下）。よりをかけながら引き伸ばされる（まるふじ製麺所で）

「早朝から始めて、三～五日かけて作ります」と製めん所「まるふじ」の下田章久工場主任。かつては工程のすべてが手作業で（今も数軒は残っている）、生産量も少なく、「幻のうどん」と呼ばれた。

だが近年、五島うどんは「幻」を脱しつつある。島の主産業だった漁業が衰え、公共工事も減る中で、「町を振興するには、うどんしかない、というのが結論でした」。

販売会社「長崎五島うどん」の山崎泉専務が語る。同社は製めん業者の団体と自治体の出資で作られた。一定の基準に沿った製法で各業者が作った製品を、「五島手延うどん」の統一ブランドで全国に売り出している。塩、椿油など素材の多くは地元産だ。

島内に自生するヤブツバキから搾った椿油

「島の雇用拡大、町の活性化につなげたい。高校を出た若者はみな島外に出ていくけれど、うまくいかなかった時は帰ってきて、うどんを作って生活できるようにしたいんです」と山崎専務は話す。

もちろん、このうどんにも、あごだしのつゆは欠かせない。小さな町の命運を、小さな魚が背負っている。

秋

唐辛子　ブランド化で輸出刺激

　九月中旬の韓国のお盆を前に、慶尚北道の英陽《ヨンヤン》郡では、唐辛子の収穫が最盛期を迎えていた。山の上まで続く濃い緑色の畑に、実が鈴なりだ。小さなイスを持ち込み、座りながら長さ一〇センチはある大きな赤い実を一つ一つ手で摘んでいく。舞うトンボさえ真っ赤で、その名も「唐辛子トンボ」というから驚きだ。農家の軒先では、乾かした唐辛子の選別やへた取りの作業に女性たちが忙しく手を動かす。

　イ・ドンホさん（52）は、赤いじゅうたんのように唐辛子をハウス内に敷き詰め、昔ながらの天日干しをしていた。先祖代々の生産農家。今や主流となったボイラー乾燥機を使えば三〇時間で乾くが、天日干しは三～五日を要し、時折風を入れたり、ひっくり返したりしなければならない。「労力がかかる代わりに、うまみが増して高値で売れるんです」と日に焼けた顔をほころばせる。

　英陽は唐辛子の名産地。人口約二万人のうち三二〇〇世帯が生産農家だ。標高三〇〇メートル以上の山がちの土地は、真夏の日中は気温三〇度を超えるが朝晩は涼しく、一日の温度差が、厚い果皮の芳醇《ほうじゅん》な唐辛子を作る。

　だが、唐辛子の町も、高齢化で生産農家は減少傾向にあり、国内の他地域産や中国産との競争は激しさを増すばかり。イさんも、「苦労はさせられない」と三人の息子は大学に行かせ、農業を継がせる気はない。

　そんな現状に郡では二年前に唐辛子流通公社を設立。農家と栽培契約を結び、加工と流通は公社が担う仕組みを導入した。「英陽産と偽る例もあり、質とブランド力を高める必要性があった」とパク・チャンファン社長（62）は説明する。

熱風乾燥室や低温貯蔵庫を備えた最新鋭の工場で、品質と衛生を徹底管理した独自ブランドを開発。「輝く赤」を意味する「ビッカルチャン」と名付けた。日なたのにおいのする粉唐辛子をなめると、トマトのような野菜の甘みの後から、じわっと辛さがやってくる。生産量を一定に保つことで価格を安定させ、農家の作業負担を減らす狙いもある。現在は英陽の唐辛子生産の三割を占めている。

国内外で積極的にPRし、欧米や日本への二〇〇八年の輸出額は、前年の三倍、三億円を超えた。国内初の取り組みを政府も注目する。

韓国には「小さな唐辛子は辛い」ということわざがある。体が小さくても賢くて侮れない人を形容した言葉だ。小さな郡の挑戦も、どうやらピリリと辛そうだ。

乾燥用のハウスで、唐辛子をひっくり返すイ・ドンホさん（左）と奥さん。熱気と甘辛い香りにむせかえる

貴族の気風、連綿と

韓国で唐辛子は、にんにく、ゴマ油と並ぶ三大薬味の一つとして料理やキムチ作りに欠かせない。種類も豊富で辛さのレベルも様々。「生食も含むと国民一人あたり一年間で唐辛子を四キロも消費します。世界的にもトップクラスで、日本の数十倍です」と、英陽郡農政課のジョン・ヨンジュンさん(41)。

英陽名物「ジュムロク」を味わった。唐辛子みそに漬けた真っ赤な豚肉をジュージュー焼いて食べる。甘みやうまみが勝って、見た目ほど辛くはない。付け合わせに出された生の青唐辛子に恐る恐る手をのばす。先っぽをカリッとかじると、酸味や塩味が凝縮した汁が口の中でジュワッと広がった。適度な辛みに食欲が刺激され、はしが進む。

がっちりと食文化に取り込まれている唐辛子。だが意外にも歴史は浅く、四〇〇年ほど前、豊臣秀吉が朝鮮出兵時に持ち込んだという説もある。仏教国で肉を食べなかった日本では根付かなかったが、モンゴルの影響を受けた朝鮮半島では、李氏朝鮮時代が始まった一四世紀末以降、肉食が盛んとなっていた。唐辛子は香辛料として瞬く間に受け入れられた。

英陽には、それ以前の半島の食文化に唐辛子が存在しなかったことを裏付ける貴重な資料がある。一六七〇年ごろ、英陽南部のドゥドゥル村に住んでいた上級官僚(両《ヤン》班《バン》)の妻、貞夫人《チョンブイン》は韓国最古の料理書「飲食知味方《ウムシクディミバン》」を残した。当時の家庭料理のレシピを集めた書だが、

収穫作業に励む女性。「今年は雨が少なくて出来がよくないのよ」

英陽唐辛子流通公社の乾燥唐辛子「ビッカルチャン」

野菜をふんだんに使った上品な味付けの料理に、唐辛子は一切使われていない。

ドゥドゥル村は、韓国を代表する現代文学作家・李文烈《イムンヨル》（一九四八〜）の出身地でもある。黒い瓦屋根の続く村の景観は保護され、文学館や資料館、「知味方」の伝統料理を味わえる店もあり、観光スポットになっている。

「英陽は新羅時代（三五六〜九三五）から、『古隠《コウン》』と呼ばれていました。落ちぶれた貴族や両班が隠れ住んだ村という意味。当時の気風を引き継ぎ、英陽の人々は保守的で文化水準が高く、作家や学者を輩出しています」と、郡のジョン・ヒョンジェ農政課長（56）が胸を張る。

当時の名残をとどめる見どころとして、注実《ジュシル》村も挙げられる。山並みを背景に古い民家が美しい。抗日詩人として知られる国文学者・趙芝《チョジ》薫《フン》（一九二〇〜六八）の生家があり、七〇軒ある村からはこれまで五〇人以上の博士を輩出しているという。一七世紀に造られた庭園「瑞石池《ソソッチ》」は、池に配置された石とハスがすがすがしく、韓国三大庭園の一つとされる。

伝統的な民家が残るドゥドゥル村

山々を縫って川が流れる英陽には、ホタルも多く生息する。郡は北部に自然生態公園を整備。「ホタル保存会」も発足し、三〇年の実績がある北九州市の市民グループ「香月・黒川ほたるを守る会」と交流を重ねる。だが、「住民たちの保護活動は、日本ほど活発とは言えません」と生態公園の担当者は頭をかく。こちらは唐辛子ほど「ホット」とはいかないようだ。

秋

クランベリー

入植者の生命の実

アメリカ／プリマス

　カエデの黄葉に彩られた郊外の家々が、なるほどヨーロッパを思わせる。マサチューセッツ州プリマス。一六二〇年、英国の清教徒がメイフラワー号で初上陸した新天地だ。ただし、ここには、故国にはない色が加わる。

　湖面を覆う鮮やかな赤――クランベリーだ。

「小さな果実ですが、米国にとっては大きな意味を持つ食べ物です」。栽培農家の組合「オーシャン・スプレー」社のピーター・パトコウスキーさん（55）が言う。

　北米原産のコケモモの一種で、寒冷な湿地に育つ。一センチほどの赤い実は栄養分に富み、古くから先住民の重要な食物だった。寒さとビタミン不足による壊血病で仲間の大半を亡くした入植者たちは、彼らにこの実を与えられ、生き延びることができたのだという。

「だから、感謝祭の七面鳥料理にクランベリーソースは欠かせないんです」。一九世紀に同州で栽培が始まり、今やジュースを各家庭が常備するほど全米でなじみとなった。感染症や生活習慣病を防ぐポリフェノールを多く含むことも近年の研究で分かった。

　収穫風景が美しい。湿地の畑に水を張り、耕運機のような機械でかき回すと、実がはずれて水面に浮く。それを帯状の囲いで円を描くように集め、水ごとバキュームで吸い上げる。九月から一一月はあちこちでこ

水を張った畑一面に浮かぶクランベリーの実を囲い込み、バキュームで吸い込んでいく

の光景が見られ、中には三〇ヘクタール以上の畑もある。見渡す限り深紅の湖に圧倒される。

祖父の代から続く栽培農家のジョン・ギャレットソンさん(61)は、農薬を減らし、畑周辺の森の手入れもする。「森も海も全部、水でつながっていますから。先住民たちがしてきたように、クランベリーが自然に育つのを手助けするのが私たちの仕事です」

甘酸っぱいクランベリージュースには、ほのかな渋みが混じる。小さな赤い実に助けられ、「神の前の平等」を誓った建国の父祖たちは、やがて先住民との泥沼の争いという苦い経験も味わう。

船を下りた後も続いた彼らの長い旅を知るためには、時計の針をもう一度、一六二〇年に戻す必要がある。

豊作、先住民に感謝

大西洋は秋の空を映し、澄んだ青色をたたえている。プリマスの港には、小さな帆船が係留されていた。

全長約三〇メートル、一八〇トンの貨物船。一六二〇年冬、英国から清教徒一〇二人を乗せて渡って来たメイフラワー号の復元船だ。

上船してみると、船室は少なく狭い。こんな窮屈な船で、よく二か月もの航海に耐えられたものだ。当時の服装で甲板に立っていた女性にそう漏らすと、「問題ないわ。私たちには目的がありましたから」。清教徒らしい答えが返ってきた。

自由を求めて祖国を後にした彼らは、新天地で「正しい秩序の下、互いを認め、共に働き、生きていく」相互契約を結ぶ。米国人の民主主義精神の源流とされる「メイフラワー契約」である。彼らが「建国の父祖」と呼ばれる理由は、そこにある。

港町の近くには、初期の開拓村を再現した野外博物館「プリマス・プランテーション」もあった。わらぶきの家が一五軒ほど並び、畑で農作業をしている人もいる。ここでもスタッフが実在の入植者たちにふんし、当時の生活ぶりを演じている。

先住民ワンパノアグ族の集落もあり、小屋に招かれた。毛皮が敷き詰められ、火がたかれている。繕い物をする女性に男性が寄り添い、静かで温かな時間が流れていた。

土地支配拡大を続ける開拓者と先住民は、後に激しい衝突を避けられなくなる。だが上陸当初、遠来の客人を助け、友好関係を結んだのが、同族の族長マサソイトだった。

ジェニーンさんお手製の感謝祭の料理。
手前右側の２皿がクランベリーソース

「彼らのおかげで豊かな収穫に恵まれたから、一緒に神様に感謝したの。それが感謝祭の始まり」。プリマス郊外でB&B（朝食付き民宿）「オン・クランベリー・ポンド」を営むジェニーン・クルシャスさん（59）が説明する。夫のケンさん（60）とともに、感謝祭の料理を特別に作ってくれるという。

　香ばしいにおいとともに、三時間かけて焼いた七面鳥が運ばれてきた。傍らには当然、ゼリー状のクランベリーソース。皆で感謝の祈りをささげる。肉汁が染みわたった肉にソースを添えると、甘みと酸味がからみあい、さわやかな味わいに。ひき肉とパン粉で作った七面鳥の詰め物やサラダ、ピラフにも赤い実がふんだんに使われていた。

プリマス・プランテーションでは、先住民の生活ぶりも見られる

　二人は再婚同士だという。聞くともなしに二人は語り始めた。釣りのインストラクターでもあるケンさんはベトナム戦争帰還兵で、PTSD（心的外傷後ストレス障害）を患ってきたこと。妻を乳がんで亡くしたこと。ジェニーンさんの夫が多額の借金を残して出奔し、障害のある息子を一人で育ててきたこと。そして彼女もまた、乳がんを患い――。

「死ぬまでにしたいことのリストを作ったわ。映画作りに熱気球。その一つにバス釣りがあって、ケンと出会ったの。幸い初期の治療で生き延びているけど」。ジェニーンさんが笑う。「人生ってそんなもの。喜びも悲しみも、長い旅の一部ね」

土産物店にはクランベリーを使った紅茶やジャム、クッキー、せっけんなどが並ぶ

秋

カキ

海を渡ったクマモト

アメリカ｜シアトル

ベイマツが茂る林に分け入った先に浜辺が広がっていた。干潮時のわずかな間だけ姿を現す砂浜。ワシントン州ピュージェット湾の南に位置するチャップマン入り江だ。昇る朝日に照らされた石のようなものは、すべてカキだった。

「ここには数百万ドルが転がっているんだ」。テイラー・シェルフィッシュ・ファームズの広報担当、ビル・ドウェーさんが話す。テイラー社は全米有数のカキ養殖会社。人工孵化《ふか》させたカキを海上の養殖施設で数センチまで育て、浜辺に放って一、二年後に収穫する。

ドウェーさんは、足元からカキを拾い上げると、朝日に透かしてみせた。貝殻の端に、魚のヒレのような薄い膜が伸びている。

「カキは殻の端から成長するんだ。この膜、日の出のようなゴールデンブラウンの色だろ?」

そのカキは、日本で見慣れたものとは形が異なり、小ぶりで厚みがある。名前をクマモトという。最近は日本のオイスターバーにも輸入されている人気の品種だ。

クマモトの名は、日本の熊本県に由来する。「西海岸で養殖されているカキの多くは、もともとは日本から来たものなんです」。ワシントン大のジョス・デービス准教授が説明する。

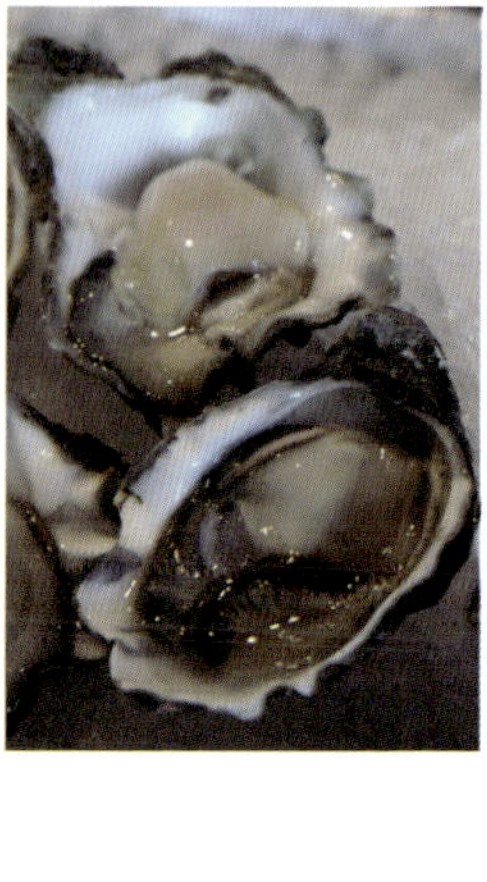

かつてこの海域ではオリンピアという原産種のカキが採れたが、乱獲と製紙工場の排水により激減した。東海岸からカキを持ってきて育てようとしたが水に合わない。一九二〇年代に日本から輸入した種ガキだけが養殖に成功し、現在パシフィックと呼ばれる品種として定着した。主に宮城県から送られたが、熊本産のカキもあった。だが、五〇年代には人工孵化が可能になったため、輸入は途絶えた。

朝七時三〇分。引き潮のわずかな時間にクマモトオイスターを収穫する（チャップマン入り江で）

それにしても、日本国内でも流通していない熊本のカキが、なぜアメリカに送られたのだろうか。熊本県水産研究センターの中野平二・養殖研究部長が話す。

「戦後、アメリカから輸出の要請があった時に、宮城県産だけでは量が足らず、九州に声がかかりました。熊本では養殖はしていませんが天然ものがあり、六年間ほど輸出した記録が残っています」

日本ではシカメガキと呼ばれるクマモトの原種は、今も熊本の海に生息する。同センターではアメリカでの人気に刺激され、養殖の研究に取り組みはじめ、二〇一一年には出荷にこぎつけた。

アメリカで高級ブランドに育ったクマモトが、故郷で脚光を浴びる日も近そうだ。

養殖業育てた日系移民

二〇世紀初頭に太平洋を越えたのは、カキだけではない。日本からの移民もシアトルには多かった。市内の名所パイク・プレイス・マーケットでも、戦前は大勢の日本人農民が野菜を売っていた。そんな時代を知る人物が山下英一さん。シアトル生まれの日系二世だ。

「戦前はシアトルに七〇〇〇人くらいの日系人がいました。製材所やサケの缶詰工場で働いていたが、みな戦後は去った。今はカキの養殖をしている日本人は僕ぐらいかな」

山下さんの父は、日本からのカキ輸入を手がけた一人だった。

「最初は生きたまま船で運んできたけれど、着いた時にはみんな死んでいたので海に捨てた。ところが、その殻に子供のカキがくっついてきて、数年後に大きくなった。この方法なら種ガキを運べるとわかり、輸入が始まったんです」

その後、カキ貿易に日本の大手商社が乗り出してきたため、山下家は養殖業に転じた。だが、第二次大戦が始まり、日系人はカリフォルニアの収容所に押し込められてしまう。

「東部へ出て行くのは許されていたけれど、出れば兵隊に取られるので、結局、収容所に残りました」

戦後、解放されてシアトルに戻った山下さんは、再びカキの養殖に戻り、八五歳になる今も現役だ。

今回の取材で会ったカキ業界の人々は、山下さんの名が出ると、誰もが「彼は素晴らしい人だ」と褒めたたえた。さまざまな苦労を乗り越えてきた山下さんは、カキ産業を育てた一人として深い尊敬を受けている。

シアトルは、全米でも有数のカキの産地ワシントン州の中心都市とあってオイスターバーが多い。中でも有名なの

エリオット湾に面したシアトルの中心部。郊外には森と入り江が広がる美しい都市だ

が湾岸地区のエリオット・オイスターハウス。老若男女で店内はいつもいっぱいだ。氷の上に並べた殻付きの生ガキを、レモンや特製シャーベットを添えて食べる。

「クマモトは人気がありますよ。小さいので女性や初心者にも食べやすいし、濃厚で繊細な味わいはカキ好きにも好まれる」とシェフのロバート・スポルディングさん(38)。

店のメニューには、品種や産地ばかりか、養殖方法まで記載されている。バーカウンターには各種のカキがずらりと並び、シャッカーと呼ばれるスタッフが手早く殻を開く。

デビッド・レックさん(27)はシャッカーの全米チャンピオンだ。「大会では殻を開く速さや美しさを競うんだ。魚介類が好きだから、毎日仕事が楽しいよ」と話す。

エリオット・オイスターハウスのバーカウンター。各種のカキが並び、シャッカーが軽快に殻を開く様子は、すし職人のようだ

アメリカ西海岸にはカキフライなどの料理もあるが、圧倒的に人気が高いのは生ガキ。太平洋岸甲殻類養殖者協会のロビン・ダウニー専務理事によると、「一〇年ほど前には出荷されるカキの八割近くがむき身の瓶詰でしたが、今は八割が生食用」と言う。

生魚が苦手なアメリカ人がカキだけは生で食べるのも不思議だが、ダウニーさんは「アメリカ人が他国の食習慣に対してオープンになってきたからでは」と考えている。

伝統的カクテル、オイスターシューター。生ガキとトマトジュース、ウオツカなどを混ぜて一気に飲む

「秋」の食べ歩き情報

【柿】
福岡・朝倉市
≪アクセス≫
羽田から福岡空港まで2時間。同空港から地下鉄で博多駅まで5分、同駅からJRで基山駅まで35分、甘木鉄道で甘木駅まで25分。杷木地区までは車で約30分。
≪問い合わせ≫
JA筑前あさくら志波柿選果場
☎0946・62・2829
工房夢細工
☎0946・25・0273
朝倉市観光協会
☎0946・24・6758

【イチジク】
兵庫・川西市
≪アクセス≫
東京駅から新幹線で新大阪駅まで2時間30分。新大阪から川西池田までJRで30分。阪急線では梅田から川西能勢口まで20分。
≪問い合わせ≫
川西市商工会（お茶、菓子類関連）
☎072・759・8222
川西市文化観光交流課（観光関連）
☎072・740・1161

【こんにゃく】
群馬・下仁田町
≪アクセス≫
東京駅から新幹線で高崎駅まで1時間。高崎駅から上信電鉄で終点の下仁田駅まで1時間。富岡製糸場へは同電鉄・上州富岡駅から徒歩10分。
≪問い合わせ≫
下仁田町商工観光課
☎0274・82・2111（代表）
群馬やまふぐ本舗
☎0274・82・2521
富岡製糸場
☎0274・64・0005

【米】
福島・郡山市
≪アクセス≫
東京駅から新幹線で郡山駅まで1時間20分。
≪問い合わせ≫
郡山市観光協会
☎024・924・2621
古川農園
☎024・952・8854

【酢】
愛知・半田市
≪アクセス≫
東京駅から新幹線で名古屋駅まで1時間40分。東海道線、武豊線を乗り継ぎ、半田駅まで最短35分。または名古屋駅から名鉄河和線に乗り換え、知多半田駅まで特急で35分。
≪問い合わせ≫
半田市観光協会
☎0569・32・3264
博物館酢の里
☎0569・24・5111

【ミカン】
熊本・熊本市
≪アクセス≫
羽田から熊本空港まで約1時間50分。空港から熊本市内までは、バスで約40分。
≪問い合わせ≫
熊本国際観光コンベンション協会
☎096・359・0363
JA熊本市柑橘部会
☎096・278・1011

【落花生】
千葉・八街市
≪アクセス≫
東京駅から総武線で八街駅まで約1時間20分。
≪問い合わせ≫
八街市役所経済環境部商工課
☎043・443・1405
フクヤ商店
☎043・444・0432

【かんぴょう】
栃木・壬生町
≪アクセス≫
北千住駅から東武線特急で栃木駅まで約1時間、東武宇都宮線に乗り換え壬生駅まで約10分。
≪問い合わせ≫
壬生町観光協会
☎0282・81・1844
栃木県干瓢商業協同組合
☎0285・53・0212
レストラン「花みどり」
☎0282・86・6684

【クランベリー】
アメリカ・プリマス
≪アクセス≫
成田からシカゴ経由でボストンまで約16時間。プリマスまではバスまたは車で45分。
≪問い合わせ≫
マサチューセッツ州政府観光局
http://www.massvacation.jp/
B&B「オン・クランベリー・ポンド」
http://oncranberrypond.com/
オーシャンス・プレー社のジュースは日本ではサッポロ飲料が販売する。お客様相談室 ☎ 0120・690320

【カキ】
アメリカ・シアトル
≪アクセス≫
成田からシアトル・タコマ空港まで8時間40分。空港からシアトル市街まで車で30分。
≪問い合わせ≫
シアトル・ワシントン州観光事務所
☎ 03・4360・5644

シアトル最大の観光名所はパイク・プレイス・マーケット。100年以上の歴史がある市場で、魚や農作物、花、手作りクラフトなどを生産者自身が販売する。スターバックスコーヒーの1号店もある。

【シシャモ】
北海道・むかわ町
≪アクセス≫
羽田から新千歳空港まで1時間30分、空港から車でむかわ町まで40分。
≪問い合わせ≫
鵡川漁業協同組合
http://jf - mukawa.com/
特産物直売所「ぽぽんた市場」
☎ 0145・42・2133
むかわ町観光協会
☎ 0145・47・2480
カネダイ大野商店
☎ 0145・42・2468

【トビウオ】
長崎・新上五島町
≪アクセス≫
羽田から長崎空港まで約2時間。大波止までバスで40分。高速船で新上五島まで1時間40分。
≪問い合わせ≫
新上五島町観光物産課
☎ 0959・42・3851（代表）
はたした
☎ 0959・43・8995
長崎五島うどん
☎ 0959・42・1560

【唐辛子】
韓国・英陽
≪アクセス≫
ソウルへは羽田から金浦空港まで2時間30分、成田から仁川空港まで2時間40分。ソウルから英陽へは高速バスで5時間。
≪問い合わせ≫
韓国観光公社
☎ 03・3597・1717

食べものがたり
food story

ダイコン
レンコン
ノリ
アンコウ
マグロ
フナ
クエ
カモ
そうめん
和三盆
サフラン

冬

冬

ダイコン

関東ロームの恩恵

東京　練馬区

　からっからの北風が水分を飛ばす。庭先に干した白く健康的な〝足〟が少しへたりこんだ時、タクアンの漬けごろがやってくる。

「首の部分としっぽを丸めて、『の』の字が書ければ合格」というのは、漬物を作って五五年あまり、高山食品の高山喜一郎社長（74）だ。

「約二キロに育ったダイコンが一・二キロぐらいにまで目方を減らすとこうなる。二、三週間かかるかな」

　畑から引っこ抜いて、サメの皮でごしごし洗って、葉の部分を落とした後、横向きに縄で縛って重ねていく。「これが練馬伝統の干し方」と、約六〇年間ダイコンを作り続けている渡戸章さん（77）。

「よそでは葉のついたままのダイコンを縦につるすけど。この方がたくさん干せるだろ」

　大根ですだれのできる寒い事

誹風柳多留《はいふうやなぎだる》の昔から、「たち編み」と呼ばれる干し方は、練馬の冬の風物詩である。

　元禄時代から作られていたという練馬大根が、我が世の春を謳歌《おうか》したのは、日清、日露戦争の後だ。野菜が不足しがちな戦場で、栄養を凝縮させたタクアンは貴重なビタミン源。繊維が多く、やや辛めの練馬大根は、そのタクアンにぴったりだったのだ。

「最盛期、練馬に漬物屋が四〇〇軒あったというね。オヤジの下で仕事

「たち編み」で干される練馬大根。水分が抜けてくたっとしたら、タクアンの漬けごろだ

を始めた時には、ウチだけで五〇万本漬けてたな」と高山社長。

　太平洋戦争後、住宅街になった練馬区では、次々に畑がマンションに変わった。「一時、ダイコン生産は限りなくゼロに落ち込んだ」と高山社長。区と農協が「食文化の保存」にと「育成事業」を始めたのは、平成元年だ。

「都会に緑地があると防災上も有益。住民の癒やしにもなる」と区都市農業課の臼井素子課長。〝高度成長〟から〝食の安全〟へと時代のキーワードが変わり、練馬大根は「区のシンボル」になった。改めて渡戸さんはいう。

「関東ローム層育ちのダイコンは日本一、とオレは思っているんだよ。バリバリ食べるタクアンの味を、みんなに知ってもらいたいねえ」

都会に残る「地産地消」

冬のダイコン畑は忙しい。少なくとも東京の練馬区では。引っこ抜き大会だとか収穫体験だとか、週末ごとに様々な場所でイベントがある。

一一月最後の土曜日。東京メトロ有楽町線、平和台駅のすぐ近く。渡戸章さんの畑の、最初の収穫体験の日だった。

「しっかりダイコンを握らないと、土の中で折れちゃうよ」

渡戸さんの声が響く。子供たちの歓声が聞こえる。すっと抜けたのは、長さ約一メートル、重さ約三キロの立派なダイコン。渡戸さんは胸を張る。

「どうだい、白くて長くて、きれいなもんだろう。〝大根足〟って今は悪口みたいだけど、昔は立派な褒め言葉。こんなにきれいな足は、めったに拝めるもんじゃない」

ワンブロック離れれば、コンビニエンスストアやレンタルビデオ店が立ち並ぶ住宅街。約二〇アールの畑だけが土のにおいを残している。

都会の農業の重要性が認識されるようになったのは、ここ二〇年ばかりのことだ。「農地で、町の緑地率は確保されます。食文化を伝えていくことは、子供たちの教育やコミュニティーの維持にもつながります」と区都市農業課の臼井素子課長は説明する。

一九六〇年代から七〇年代。高度経済成長時代には、そんな考えはなかった。「国の政策自体が、とにかく宅地開発優先で、大げさにいえば、都会に農地はいらない、という態度でしたから」というのは、区経済課の中嶋敏博課長だ。気がつけば、一面のダイコン畑はマンション群。「宅地並み課税、相続税の問題。泣く泣く土地を手放した家も多かった」と渡戸さんは振り返る。

渡戸さんの畑は住宅地に隣接している。収穫体験では、たくさんの子供が実際にダイコンを引っこ抜く

「ゆとり」がキーワードになった八〇年代以降、日本中で均一化された住宅地では「自分たちが誇れるものは何か」が大きなテーマになった。練馬の回答は「ダイコン」。「だから今、農地を抱える都内の各自治体で『都市農地保全推進自治体協議会』を作っている」と中嶋課長。「都会の農業を維持しやすくするために、共同して国に働きかけているんです」

住宅が密集する練馬区。役所からは雄大な富士山の姿を見ることもできる

渡戸さんの家は先祖代々ダイコンを生産してきた農家だ。「オレが六代目、次男が七代目を継ぐ」という。耕作地の総面積は六〇アール。ダイコンに加え、小松菜、ホウレンソウ……年間に作る野菜は四〇種類に及ぶ。「やっぱり地方と比べると、固定資産税とか高いから。年中作っていないと、維持していけないよ」と笑いながらいう。だけど、理由はそれだけではない。「庭先で、野菜を売ってるんだけどね。『ブロッコリーはないか』とか、『キャベツがほしい』とか、いろいろリクエストがあるんだ。こないだなんか、インド料理の店から『インドのキュウリを作ってくれ』って依頼まであったよ」

喜んで食べてくれる人がいる。そう思うと「いろいろ作りたくなって」と笑いながらいう。生産者と消費者、顔を見ながら直接の対話。都会の農業は、究極の「地産地消」なのだ。

練馬大根から採取した天然酵母を使用した「ねりまだいこん酵母パン」は「デンマークブロート」（☎03・3994・3741）

冬

レンコン

鍬掘り、水田から「餅」

石川　金沢市

子供なら傘代わりに使えそうな大きな葉が、背丈ほどの茎の上に、びっしりと生い茂っている。

　兼六園から北に約三キロ、金沢の中心街からやや離れた住宅地を歩くと、あちこちにレンコンの水田が現れる。小坂町周辺は江戸時代からの産地。「加賀れんこん」は、金沢が誇る伝統の「加賀野菜」の代表格だ。

「昔はあのへんも全部レンコン田だったんだがね」

　小坂から北に約二キロ、北陸自動車道を越えた横枕町には一面にレンコン田が広がる。その一角で坂井義春さん（55）は早朝からレンコンを掘る。八月上旬から始まった収穫は翌年五月まで続く。

「昔より値は上がったが、体がきつい、と作る人が減ってきた。五年辛抱すれば慣れてくるんだがな」

　水田の底に放水して収穫する地域もあるが、小坂周辺では昔から鍬《くわ》掘りだ。収穫期に田から水を抜き、茎を刈る。柄の短い鍬で土をかきながらレンコンを探し当て、一本ずつ掘り出す手作業だ。若いレンコンはデリケートで、鍬どころか手で表面をこすっただけで跡が残るから、扱いは丁寧。泥付きのまま箱詰めして出荷する。

　田の泥を手でつまむと、繊維を含んで、ふかふかとした感触がある。「もみ殻、木くず、コーヒーの搾り

収穫期に入ったレンコン田。葉が枯れた後も、翌年五月ごろまで収穫は続く（金沢市横枕町で）

かすなど、いろんな有機物を混ぜているんです」と話すのは息子の靖男さん（28）。東京農大を卒業後、父と一緒にレンコンを育てている。「有機肥料中心に切り替えたら、レンコンの肌が白く、味もえぐみがなくなりました」

泥を洗い流した掘りたてのレンコンを「このまま食べられますよ」と手渡された。かじってみると、みずみずしくて軟らかく、ほのかな甘味も。

だが、加賀れんこんの真価は、その粘りにある。すりおろした団子を蒸したり揚げたりすると、つなぎを使わなくても固まり、餅のように弾力がある。「見通しがいい」と正月料理に珍重されるレンコンだが、加賀れんこんなら「粘り強さ」にもあやかれそうだ。

五感満たす加賀野菜

全国の都道府県庁所在地の中で、金沢市民はレンコンにもっともお金をかけている。総務省の家計調査によれば、一世帯あたり年間消費額は一九五九円（全国平均は八二八円。〇六年から三年間の平均）。ところが重量ベースでは新潟市、佐賀市に次いで三位に下がる。つまり、金沢のレンコンは値段が高いのだ。

「少々高くても地物を買う方が多いですね。県外の泥のないレンコンは、なかなか受け入れられません」

〝金沢市民の台所〟と呼ばれる近江町市場に店を出す北形青果の北形謙太郎取締役（32）は話す。全国の野菜・果物を扱うが、特に力を入れているのは加賀野菜と呼ばれる地元の伝統野菜。とうがんに似た加賀太《かがふと》きゅうり、表が緑で裏が赤紫色の金《きん》時草《じそう》、鮮やかに赤い打木《うつぎ》赤皮甘栗かぼちゃなどの見慣れない野菜に、カニ目当ての観光客も足を止める。

田からレンコンを掘り出す坂井義春さん（左）父子。脇についた根を取り除いて出荷する。「時間に縛られないこの仕事、僕は好きです」と靖男さん（右）

「これほどたぐいまれな品質の野菜が地元にあるというのは、八百屋にとって幸せなことです」

市の行政や生産者、流通業者などが設立した金沢市農作物ブランド協会が認定する加賀野菜は、現在一五品目。いずれも戦前から作られていた野菜だが、一時期ほとんど作られなくなったものもある。戦後、品種改良で開発された、大量生産に適した野菜に、農家が切り替えたためだ。

「このまま地元の野菜が滅びてはいけないと、農家を訪ねては種を集め、四〇年以上前に貯蔵倉庫を作ったんです。今は作られていない幻の野菜の種もたくさんありますよ」

　加賀野菜保存懇話会代表の松下良さん（80）は回想する。松下さんは江戸時代から続く松下種苗店を経営しながら、それらの伝統野菜を「加賀野菜」と名付け、保存と復活を図って一九九一年に懇話会を設立した。ブランド協会が設立され、認定事業を始めたのが九七年。加賀野菜そのものは昔からあるが、価値が認識されたのは、それほど古いことではない。

大神神社の大鳥居の向こうに、なだらかに横たわる三輪山。古くから信仰の対象とされてきた

　加賀野菜の父ともいうべき松下さんは、伝統野菜の価値をこう語る。

「今の野菜は作り手の都合で生み出されたもの。病気にかかりにくい、風で倒れにくいのは便利かも知れないが、その分、置き去りにされたものがある。加賀野菜には独特の香りや味、歯触りなど、五感を満足させる個性があるんです」

　単に歴史があるからではなく、品質が優れているからこそ伝統野菜は大切。金沢市民が高くても加賀れんこんを選んで食べる理由も、そこにあるのだろう。

　ＪＡ金沢市小坂支店のレンコン集荷場で、生産者たちは連日、持ち寄ったレンコンの箱を開き、抜き打ちの相互チェックを行う。その結果、等級が格下げされることもあるが、文句は出ない。集荷場にはこんな言葉が張り出されている。

「れんこん部会が出荷するれんこんは日本一高価なブランド品」「プロ意識を持って選別をお願いします」

兼六園内の茶屋限定の和菓子「たまひめ手箱」は加賀れんこんを用いたまんじゅうとようかん

冬

ノリ　有明海の四角い恵み

羽田を飛び立った飛行機が、もうすぐ佐賀空港に降り立とうという窓の外。まるで原稿用紙を並べたように整然とした升目が、眼下の海面に広がっている。佐賀県は全国一の生産量を誇るノリの産地。一二月は収穫期の真っ盛りだ。

有明海の最奥部に面する佐賀平野は、吉野ケ里遺跡が示す通り、弥生時代から人が住み、栄えた土地だ。

一方、ノリも千年以上前からの食材だ。となれば、佐賀でもさぞ長い歴史が……と思いきや、養殖が始まったのは戦後だった。

「熊本や福岡では早くから養殖していましたが、天然のノリがいないので、佐賀は後発。最初は他県から種をもらっていました」と、佐賀県有明海漁協の江頭忠則指導課・種苗課課長が説明する。

戦後、盛んに養殖されていた貝類が水害で全滅したことで、ノリへの取り組みが始まった。当初は苦労を重ねたものの、干潟には筑後川や嘉瀬川から注がれる栄養分が豊富。最大六メートルにも及ぶ潮位差も、ノリの成育に適している。六〇年代には質量ともに全国有数の産地に成長した。

「潮が引いて、毎日ノリが干出する（水から上がる）ことで、風味が良くなり、うまみが増すんです」（江頭課長）

有明海に巨大なモザイク模様を描くノリひび（養殖施設）

他の産地では、沖合に網を浮かべる「浮き流し式」の比率が高いが、有明海では大半のノリが、海に立てた支柱に網を結ぶ「支柱式」で作られ、独特の味わいを作り出す。

「昔は指で摘んだから、三〇分もすると冷えて感覚がなくなるけん、船の縁で手ばたたきよった」と話すのは、半世紀前からノリ養殖を手がける江頭忠さん（70）。今は摘んでから加工するまで機械化が進んで楽にはなったが、変わらぬ作業もある。

江頭さんはノリを摘まない日も海に出る。天候や風向きに応じて網を支柱に結び直し、高さを細かく変えることで、干出時間を調整し味を良くするのだ。

労を惜しまぬ人々の手によって、有明海の恵みが、ノリの形に生まれ変わる。

夜間に収穫、高品質

佐賀のノリ生産者のカレンダーは九月に始まる。割り当てられた漁場に支柱を立て、一〇月初めごろ、カキ殻に培養されたノリの種苗を、海面で網に付着させる。種のついた網を支柱に張っていくと、前ページの空撮写真のような光景が出現する。

収穫が始まるのは一一月ごろだ。ひとつのノリ網から四、五回の収穫が可能だが、「お茶と同じで、初芽が柔らかい。一番摘みが最高級です」と有明海漁協の江頭忠則課長。

年末か年始早々に、採苗後に冷凍保存していた別の網に張り替えて、収穫は三月末ごろまで続く。

ノリ摘みは、夜中に行われる。「光合成で育つノリは日没直後に細胞分裂するので、活動が落ち着いた夜間がいいんです」（江頭課長）

作業時刻は、潮の具合に合わせて夜中や明け方になる。江頭忠さんは「おでこのライトを頼りに、冬の暗い海で摘むのは大変。でもそれだけの価値がある。昼と夜では、品質に大差がある」と話す。摘まれたノリはすぐに乾燥・加工され、おなじみの板ノリの姿になっていく。

網に付着したノリは、有明海の栄養素を吸収して成長する

ほぼ一〇〇パーセント国産の食品にもかかわらず、消費者がノリの産地を意識することはあまりない。そこで佐賀では、「ノリといえば佐賀」をアピールすべく県と漁協が協力し、二〇〇七年から最高級ブランド「有明海一番」を送り出している。

一番摘みの中から、たんぱく質含有量など厳しい数値基準を設けるなど厳選したノリで、五枚で二五〇〇円（税別）と価格も高級。封を切った香り、パリッとした手応え、濃厚なうまみは、ノリとはこんなにおいしいのかと再認識させられる。

「検査は厳しいしコストがかかるから、生産者にあまりもうけはない。でも、ノリ自体のレベルを上げるためには、ああいうものも作らないとね」（江頭忠さん）

弥生時代に栄えた吉野ヶ里遺跡（吉野ヶ里町）。再現された環濠集落が歴史のロマンをかきたてる

「有明海一番」のような高級ノリは贈答品向けの製品だ。ただし、全国海苔貝類漁業協同組合連合会の調べでは、ノリ消費量全体に占める贈答用の割合は五パーセント（二〇〇八年）。お歳暮を廃止する企業や自治体が増えた影響で、「かつての三分の一程度」（清水聡・漁政総務部長）にとどまる。

現在のノリ消費を支えるのは業務用（六八パーセント）。中心はコンビニエンスストアのおにぎりだ。実はここでも有明海のノリは高く評価され、主要チェーンには「有明産のり使用」などと記されたおにぎりが並ぶ。

「おにぎりとノリを分離包装するタイプでは、すべて有明産を使っています。味、香り、色などに優れている。二〇〇六年からは包装にも明記しています」（セブン－イレブン・ジャパン広報センター）

一方、コメ離れの影響もあり、家庭用の消費量は下降気味。「アミノ酸やビタミンの豊富な健康食でもあり、食の多様化に対応できるメニューを提案していきたい」（清水部長）と、ノリ業界は活路を探している。

ノリ製品では、ノリを乾めんに練り込んだ「海苔うどん」「海苔パスタ」。ゆでるとノリの香りが広がり、つるりとした食感が楽しめる

冬

アンコウ　肝躍る濃厚「どぶ汁」

うわっ。ヌルッとした感触に、思わず身をすくめた。粘っこい液体が手に付着する。「アンコウはウロコがない代わりに、体が粘膜に覆われているんだ」。一〇キロの大物を抱えた民宿「やまに郷作《ごうさく》」の主人・篠原裕治さん(58)が笑う。

大きく裂けた口に、鋭い歯。水深一五〇メートル付近の海底に潜み、鼻の上に付いた誘引器官を餌に擬して、じっと獲物を狙う。「初めて見ると怖いだろうけど、この顔にも愛着を感じるようになるよ」

底引き網漁が盛んな平潟《ひらかた》地区には、「あんこう鍋」ののぼりを立てた民宿が軒を連ねる。昔は商品価値がなく、地元の家庭でしか食べなかった魚も、すっかり町の名物に。見た目はともかく、西のフグと並ぶ冬の美味として知られる。

篠原さんは、民宿の前に高さ約三メートルの丸太三本で組んだ台を立て、「つるし切り」に取りかかる。まな板では切りにくいアンコウをさばくための独特の方法だ。「昔は、庭の柿の木や軒のハリなんかにつるしていたらしい」という。

東京で会社員をしていた篠原さんは一九七五年、亡くなった義父の後を継ぐため、妻の実家の民宿に移り住んだ。「料理は見よう見まねで覚えた。何でもやってみれば、出来るもんです」と語る。今では北茨城民宿組合の組合長を務め、東西アンコウ料理対決のイベントで腕前を披露するほどだ。

出刃包丁一本で、まず左右のひれをざくりと切り落とす。あごに切れ目を入れて皮をはぎ、腹を裂くと、三〇センチはありそうな肝がぴょこんと飛び出した。ひれ、皮、肝とともに「七つ道具」と称される卵巣、胃袋、えら、身を次々と取り外す。捨てるところといえば腸と腎臓ぐらい。巨体は見る見るうちに消え

ていき、最後には、あんぐりと開いた大口がかぎの先に揺れているだけ。にやにや笑いを残して消える「不思議の国のアリス」のチェシャ猫を思い出した。

さて、消えたアンコウはどこへ？答えは、ぐつぐつと煮えている鍋の中。炒《い》った肝とみそが溶け込んだ褐色の汁は、見るからに濃厚だ。その名も「どぶ汁」。水が貴重だった船上で食べるため、アンコウから出る水分だけで煮た漁師料理が起源だという。

胃袋は牛のミノに似たコリコリとした食感。卵巣はとろりと舌の上で溶ける。様々な食感を、肝とみそのコクが包み込む。「見た目はともかく」は失礼だった。

つるし切りに取りかかる篠原裕治さん。アンコウの体表はどろりとした粘液に覆われ、滑りやすい

冬にも客呼ぶ名物鍋

漁のおこぼれにあずかろうと、抜け目ないカモメたちが頭上でキャアキャアと騒ぎ始めた。市の北端、平潟漁港。港を囲むびょうぶのような巨岩のすぐ向こうは福島県だ。午前一一時、間もなく水揚げが始まる。

前日未明に出漁した一五トンの底引き網漁船「第八栄寿丸」から、漁獲が入ったたるが次々と下ろされ、魚市場はにわかに活気づく。ヤリイカ、ヒラメ、アジ、ホウボウ。中でも、腹びれをちょこんと付けたアンコウの白い腹が目を引く。「大事な肝がつぶれないように、腹を上にして置くんです」と平潟漁協の武子《たけし》尚之・業務部課長（54）が説明する。

船長の大川栄二さん（51）らが船からたるを下ろす一方、魚市場では妻の利恵子さん（49）が入札の準備に忙しい。実はこの朝、同漁協所属の漁船が沖で浸水し、沈没したばかり。幸い、乗組員は僚船に移って無事だったが、漁にはこんな危険も常につきまとう。栄寿丸は高波を避けて、朝まで予定していた操業を途中で切り上げ、夜のうちに入港した。「いつも天気予報とにらめっこ。命が懸かってます」と利恵子さんは口元を引き締める。

「昔は行商のおばちゃんがおまけで付けるぐらいだった」というアンコウが北茨城の名物として有名になったのはここ二〇年ほどのこと。夏の海水浴シーズンを中心に営業していた民宿が、冬にも客を呼び込めるようにと、「どぶ汁」をPRしはじめてからだ。「第五湊丸」船長の滝口与一さん（54）は「おいらが船方になった三四、五年前は、一人では持ち上がらないような三〇、四〇キロの大物でも一匹五〇〇〇円ぐらいだったよ」と語る。それが今や、鍋用に需要が増える冬には一キロ二〇〇〇～四〇〇〇円もする。

ヤリイカやアンコウなど、様々な魚介類が漁船から次々と下ろされる（平潟漁港で）

二〇〇六年の県内のアンコウ漁獲量は七四トン。うち半分近くが平潟漁港で水揚げされた。量では日本一の山口県・下関漁港（同一〇七二トン）に及ばないが、県もブランド化に乗り出し、〇五年からは、重さなどの基準を満たすものに「茨城あんこう」と記したタグを付けている。

日本美術ゆかりの地

平潟漁港から南に向かえば、大小の入り江が連なる五浦《いづら》海岸が見えてくる。思想家・岡倉天心が横山大観や菱田春草らを率いて一九〇六年（明治三九年）に日本美術院を移設した地だ。岬の突端には、晩年の天心が思索や読書にふけったという朱塗りの「六角堂」がぽつりと立つ。補修を重ねてはいるが、骨組みは建てられたときのまま。近くには天心の居宅も保存されている。

五浦海岸の六角堂。ここで晩年の岡倉天心が思索にふけったという（注：2011年3月11日の津波で、土台を残して流失した）

特別に中に入らせてもらった。堂の中央に座ると、六面のうち四面に開いた窓から太平洋が一望できる。丸く広がる水平線、四方から押し寄せる荒波。管理人の村上進さん（60）は「海の上にいるような感じになるでしょう。ここに来ると、私らも気持ちが安らぎます」と語る。

白い波が岩に砕け、ごうごうと鳴りやまない。広い世界へとつながるこの海はまた、土地の人々に恵みをもたらす源でもある。

冬

マグロ　脂の質、五感で見抜く

東京　築地

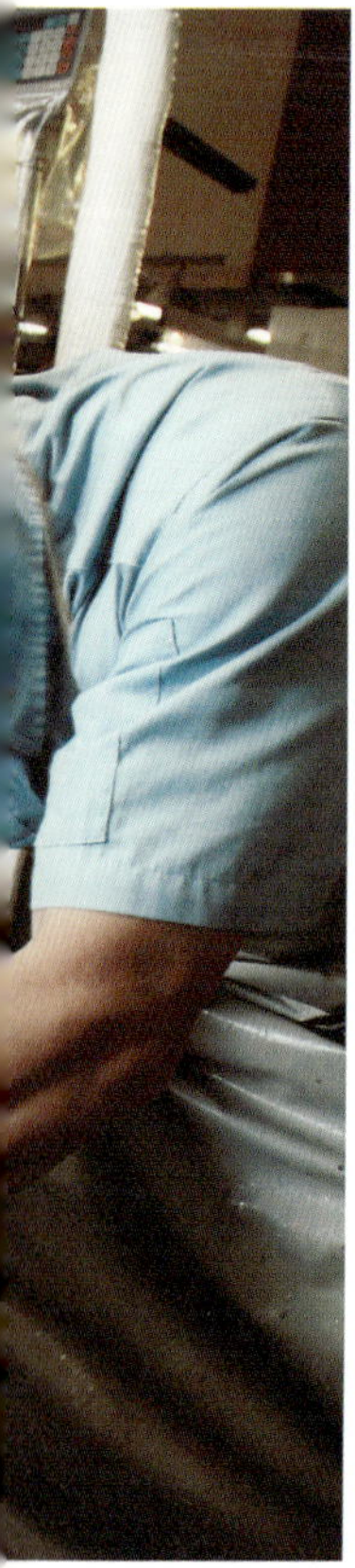

サラダ油かラードか。

一九二五年に生まれたすし職人の小野二郎さんは、マグロの脂の乗りを、このふたつの言葉で例える。市場の競り値で一本数百万円になる本マグロに脂が乗るのは当然、「それがサラダ油のように軽やかじゃないと。ラードみたいに重いのは昔から苦手で」。

東京・銀座で「鮨 すきやばし次郎」を営み、世界最高齢の三つ星シェフに認定された小野さんが固執するのは一五〇キロ未満、マグロの世界では「舞の海並みの小兵」だ。中でも「腹カミ」と呼ぶ頭に近い腹側の身なら、「赤身・中トロ・大トロのバランスが程良く握りがいがある」。

その日、築地市場の競り場には三四一本の生マグロが並んだ。カナダ、オーストラリア、チュニジア、インドネシア……。大半が海外から空輸された、幼魚を人工的に肥育する蓄養物。年間五〇〇〇億円を商う世界一の魚河岸にして、近海に揚がった天然本マグロはわずか七七本である。

「いや、今日は本数は多いほう。でもお得意さんに自信を持ってお勧めできるのが本当に少なくて」。仲買人、藤田浩毅さん（46）の言葉にうそはない。この日は二本の天然物を落札したが、前後の二週間ほどは「買えるタチ（質）のものは全くなかった」。

駄物屋が触るんじゃねえ――三代目の藤田さんがマグロの競り場で罵《ば》

仲買人の藤田さん（左奥）らが全長一メートルになる専用の包丁でマグロをさばく

声《せい》を浴びたのは父の仕事を継いだ二十代の頃だったか。当時扱ったのはアジやイカなどの大衆魚で、河岸では上物の本マグロなどに対し駄物と言われた。「思い出すのも嫌な言葉だよね」

江戸の日本橋魚河岸に歴史をさかのぼる築地は、よそ者にはうかがえない商慣習が複雑に入り組む閉鎖社会でもある。新参がいくらいいマグロを入手しても、長年の取引先を優先する買う側は目もくれない。罵声に奮起し、一日二〇時間、一枚一三円でアジを開く内職を黙々と続けた青年がその稼ぎで落とした自慢の上物は、結局買い手がつかなかった。

だが、本当に売れない理由はほかにあった。精いっぱいの大枚をはたいたマグロが、うまくなかったのである。

魚河岸の商い絆と信頼

二〇〇一年一月、築地市場の初競りで本マグロ一本に二〇二〇万円の史上最高値が（当時）ついた。はえ縄の大間産（青森）で、体重は二〇二キロ。単純に一〇〇グラム一万円。

「もし、あれで普通に利益を乗せたら、大トロ一個が二万円で収まらないはず」。一九六五年に銀座で「すきやばし次郎」を構えた小野二郎さんが恐ろしいことを言う。

今、小野さんは大トロ一個を三〇〇〇円で握る。冷凍物やキハダなどの庶民派マグロを食べ慣れた身には確かに高根の花だ。が、「この値段でも近海の本マグロに限っては、握るほど赤字になることがままある」のも、現実なのだ。

しかも競り値が高くなるのに比して味もいいかと言えば、「これがそうでもない」。実は冒頭のマグロ、年末に水揚げされていたものが年をまたいで寝かされ、「（脂の）筋が青っぽく酸化が進んでいた。それに二〇〇キロを超えるとやっぱり脂がくどく、特にはえ縄は動物臭さを感

競り場に並んだマグロの良しあしを見分けるため、仲買人は尾の断面などから脂の乗りを判断する（築地市場で）

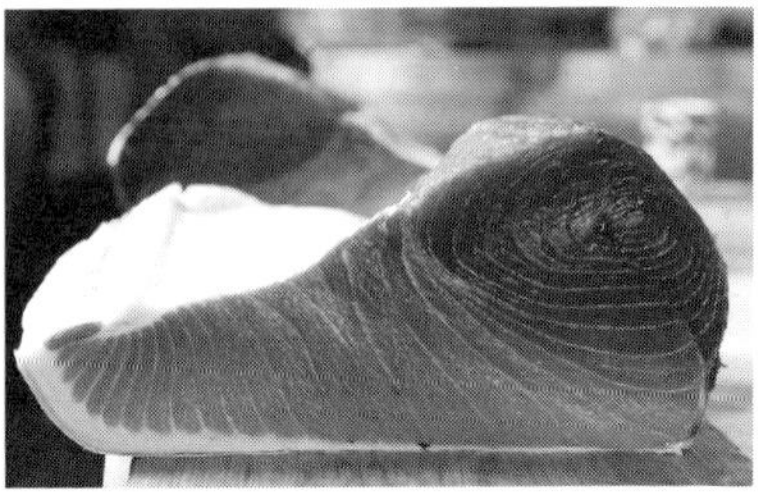

場外市場では、ブロックやサクでマグロを購入することもできる。藤田さんによると、より求めやすいサクの場合、〈1〉白い筋が薄く目立たない〈2〉表面に血がにじんでいたり、逆に乾いて変色したりしていない〈3〉全体にしっとり光沢がある――などがポイント

じることもありますから」。

もちろんこれは小野さん自身の感覚で、濃厚な脂の乗りを好む職人だっている。「ですから、味の好みががっちりかみ合う仲卸しさんと『これは使える、これはダメ』って遠慮なく言い合う関係がとにかく大事。うちはそれが藤田さんってこと」

築地の仲卸し「フジタ水産」三代目の藤田浩毅さんが、本格的に高級マグロを扱うようになったのは一九九〇年代半ばだ。築地には七五〇の仲卸しがあるが、冷凍物を含めマグロを扱うのは二〇〇超。大半が代々の家族経営だ。

その中で新参の藤田さんは古手の目利きを見よう見まねで覚え、ある時、なけなしの予算をつぎ込んで極上の一本を落とした。つもりだったが、「全然ダメ。香りがない。味がない。要はただ見てくれにだまされてたんです」

ブランドも産地もこだわらない。ベテランの流儀や固定観念にもとらわれない。自分の五感を総動員してうまいと思えるものだけを落とす。行き着いたのは単純な結論だ。ほかが目を付けなくてもあえて相応の値をつけ、辛抱強く買い付けを続ける新参に少しずつ客がつき始めた。

〈仲卸業者の日々のビジネスは、個人的な絆《きずな》や義務、（略）家族のつながり（略）といったものが複雑に組み合わさった枠組みを持ち、同様の計算が何年、何十年と積み重なったもの〉

日本研究が専門のハーバード大学教授、テオドル・ベスターさん（58）は六四〇ページに及ぶ著書『築地』でそう記す。「個々の業者の盛衰はあっても、江戸時代から続く魚河岸の形態や慣習が有形無形の文化財として残ってきたのが築地です」

新参の仲買人と熟練のすし職人が積み重ねる信頼にも、その商いの根っこが見える。

開店前の「すきやばし次郎」。調理場では早朝から丹念な仕込みが続く

冬

フナ

琵琶湖の滋味、熟成三年

滋賀　高島市

名古屋出身の北村篤士さん（38）は、京都の有名料亭で料理修業中に出会った女性と結婚した。だが婿入り先の家業を継ぐかどうかは半年悩んだ。一六一九年創業、一七代続くふなずし専門店だったのだ。

　琵琶湖の西岸、高島市。黒ずんだ板壁と瓦屋根の古い街並みに「喜《き》多品老舗《たしなろうほ》」は店を構える。フナを漬け込む蔵に足を踏み入れた途端、むっと鼻を突くにおい……。「初めて連れてこられたときに思ったのは、『動物園の飼育小屋のにおい』だったんです」と篤士さんは一〇年前を振り返る。

　だがそこは料理人。口にして即座に理解した。「いろんな味が凝縮された、えもいわれぬ深いうまみがある」。一八代目になった今では、もちろん、においにも慣れっこだ。

　篤士さんが重しを外し、木おけのふたを開けた。淡く黄みがかったペースト状のご飯を手でかき分けて、ふなずしを丁寧に取り出していく。

　ふなずしは、魚を塩と飯で乳酸発酵させた、なれずしの一種。使うのは琵琶湖の固有種ニゴロブナだけ。春に捕れた子持ちのメスを塩漬けすること二年、飯に漬け込んでさらに一年。実に三年がかりで作られる。

　すしの原型といわれるが、姿は江戸前の握りずしには似ても似つかない。では味は？　ツンとしたにおいに一瞬ひるむが、だいだい色の卵はカラスミにも似た濃厚な味。しっぽの方は身が締まっていて、酸味が後を引く。勧められた地酒によく合う。

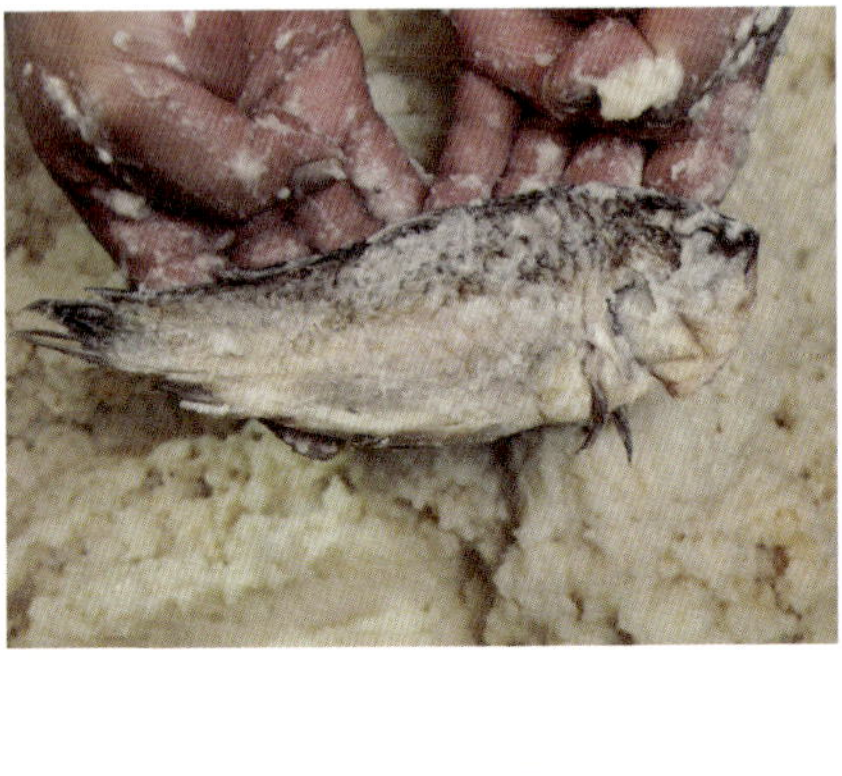

　においばかり強調されるのは、篤士さんには不本意だ。「昔はぬか漬けのように各家庭で漬けていたのに、『においがきつい』とのイメージだけで語られるようになってしまっ

巴盛りにしたふなずし。塩とご飯に三年間漬け込み、骨まで軟らかい（高島市の「喜多品老舗」で）

た」とまゆを曇らせる。ニゴロブナが減り、身近でなくなってしまったせいだ。

国立民族学博物館名誉教授の石毛直道さん（72）は「なれずしは弥生時代に、長江下流から稲作と一緒に入ってきたのだろう」という。このままでは古代から伝わる食文化が消えるかもしれない。

どうすればふなずしを守れるのか。鍵を握るのは、稲作との深い関係だ。

水田、再び魚の楽園に

「なれずしの起源は水田稲作と関係がある」と民族学者の石毛直道さんは語る。東南アジアでは雨期に川の水が田へとあふれる。「水が引く際に大量に捕れる魚の保存法として、なれずし作りが始まった」という。

琵琶湖周辺でも、かつて似たことが起きていた。「昔は春先にコイやフナが産卵のため田んぼに上ってきていたんです」。針江地区の農家、石津文雄さん(61)はいう。餌となるプランクトンが豊富で外敵が少ない水田は、稚魚が育つには最適の環境だ。だが一九六〇年代後半から、農業機械を使えるよう水田をかさ上げし、「水路との間の落差が大きくなって、遡上《そじょう》できなくなった」。

ふなずしの材料になるニゴロブナが減った原因としては、外来魚のブラックバスやブルーギルによる食害が有名だ。水田の乾田化や、湖岸のヨシ原が埋め立てられたことで、産卵場所が減ったことも大きい。その結果、琵琶湖のフナ類漁獲量は六五年の一一〇四トンから、二〇〇七年には九五トンにまで激減した。

魚が産卵できる水田を取り戻そうと、県は〇六年度から「魚のゆりかご水田プロジェクト」を本格的に始めた。石津さんも参加農家の一人。水路に板をはめてせき止め、水位を一〇センチずつ上げて田んぼの高さまで階段状につなぎ、魚が遡上できる魚道を造る取り組みだ。

農薬の使用も控えめにする。石津さんが耕作する一四・五ヘクタールの水田のうち、九ヘクタールは完全無農薬。ドジョウにサンショウウオ、ナマズ、カエル……。石津さんの田んぼは様々な生き物のすみかとなっ

夕暮れの琵琶湖に立つ白鬚神社の大鳥居。
岸辺に波が静かに打ち寄せる（高島市で）

木おけに漬け込んだふなずしを取り出す北村篤士さん（喜多品老舗で）

ている。「ニゴロブナをたくさん増やして、ふなずしを安く食べたいという下心もあるんです」と笑う石津さん。父親が漁師で、ふなずしは身近な食べ物だった。「子供の頃はにおいをかぐのも嫌やったけど、五十代後半になってから無性に食べたくなって……」

県はニゴロブナ稚魚の放流や、外来魚の駆除も同時に行っている。効果は少しずつだが見え始めてきた。

石津さんの案内で針江地区を歩いた。集落を流れる川には、青々とした藻が髪の毛のようになびいている。手を浸すときりりと冷たい。

民家の庭先にある小屋をのぞくと、パイプから地下水がわき出して、床のいけすへとあふれ出ている。「かばた（川端）」と呼ばれる水場だ。集落の約一一〇戸に同じものがある。

いけすの中には大きなコイが数匹、悠々と泳いでいる。自宅のいけす前で野菜を刻んでいた三宅嘉子さん（76）は「かわいいもんや。カレーを食べた後の鍋を入れると、全部ねぶってくれるんや」と笑う。まな板を水で流すと、コイが集まって野菜くずをぱくぱくと食べ始めた。

いけすの水は外の水路につながり、そこから川へ、さらに湖へと流れ込む。人々の暮らしも、琵琶湖を取り巻く水の流れに無理なく溶け込んでいる。

冬

クエ 「天然」がウリ、町の顔

和歌山｜日高町

海辺の民宿には、体重三二キロ、体長一メートル以上の大物が待っていた。

「鍋にすれば、これで七〇人前くらいです」。民宿「波満の家《はまのや》」の主人、濱一己《はまかずみ》さん（58）が話す。

和歌山県日高町は「クエの町」として知られる。沿岸部に十数軒ある旅館や民宿の売り物はクエ料理。冬の週末は忘年会や新年会の泊まり客で予約が埋まる。

巨大な魚だから解体も大仕事だ。頭の両側にカスガイを打ち付け、まな板の上に立てる。しゃもじにクギを打ったような特製ブラシでごしごしとウロコを落とすと、包丁というよりナタに近い刃物で、ざくざくと三枚におろしていく。

背骨や頭はブツ切りに。刃物の背を木づちでたたき、小気味よく骨を割っていく。

「胃や肝も食べるし、ヒレは干してヒレ酒に。捨てるのはエラくらい」。約三〇分で解体は終了。濱さんは一冬に二〇〜三〇匹をさばく。

クエは関東以北ではなじみの薄い魚だが、西日本では高級魚（九州では「アラ」と呼ぶ）。から揚げや刺し身でも食べるが、代表的な料理は鍋だ。脂がのっていながら、あっさりとした味わいで、皮の下はゼラチンたっぷり、身にも弾力がある。

日高が「クエの町」になったのは、そう古いことではない。元町役場職員で、今は地元でペンション湯川を営む湯川泰嗣《やすつぐ》さん（67）は、企画室長補佐だった一九八一年にクエの売り出しを図った。

「観光振興を考えていた時、大阪で知り合った新聞記者の方に『何を売り物にするんや』と聞かれた。旅館の人たちと話し合い、クエにしよう、となりました」

昔から近海で釣れはしたが、漁獲量は少なく、クエが家庭の食卓に上ることはまずなかった。しかし、町内の阿尾漁港近くにある白髭《しらひげ》神社では、クエのはくせいをみこしに用いる奇祭「クエ祭」が江戸時代から行われてきた。食べる機会は少なくとも、クエにはなじみのある土地柄だった。

クエの巨体を頭からさばいていく濱一己さん。観光客の前で解体してみせることもある

旅館や民宿がクエ鍋の提供を始め、関西に向けて宣伝すると、狙いは当たった。夏は海水浴客でにぎわう町に、冬にもクエめあての客が訪れるようになった。

以来、四半世紀あまり。最近では白浜温泉でも養殖もののクエ料理を売り出したが、日高はあくまで天然のみ。「量が少ないから確保するのは大変。でも、やっぱり味が違いますから」（濱さん）と、本場のこだわりは譲らない。

養殖、観光の起爆剤に

「波満の家」の濱一己さんは、もともと漁師の出身。今も自ら船を出し、釣った魚を泊まり客にふるまう。クエの一本釣りに挑むこともある。

クエは海底の岩穴に潜む習性がある。数メートルの浅い海から、時には六〇～七〇メートルもの深さにいる。昼間はじっと動かず、夜は穴から出て餌をとる。

生きたままのイカを針につけ、おもりとともに海底に下ろす。狙い目は夜明け。濱さんは太い釣り糸を指で操り、感触を確かめながら、クエがイカをのむ瞬間を狙う。

「泳いでいたイカが、クエに追われて逃げ回り、かみつかれる。そこからの数秒が勝負です。岩穴に逃げ込まれたら絶対出てこない」

近畿大・白浜実験場のいけすでは数千匹のクエが養殖されている

針がクエのアゴにかかったら、ゆっくりと引き揚げて、最後は網を使う。「多い年で一〇匹、ダメな時は一冬ボウズ（収穫なし）の年もある。難しいです」

最近は和歌山近海でもクエが取れなくなってきた、と関係者は口をそろえる。もともと大量に釣れる魚ではない。三〇キロ級の大物に育つには、三〇年以上かかるとも言われる。各地で人気が高まる中、資源保護も考える時期に来ているようだ。

あまり生態が解明されていないクエだが、水産総合研究センターや和歌山県水産試験場など、いくつかの研究機関が人工孵化《ふか》に取り組み、稚魚の放流も行われている。

　中でも、卵から成魚まで育てて商業化しているのが、クロマグロの養殖で知られる近畿大水産研究所だ。

　日高から電車で約一時間。温泉で知られる白浜町の白浜実験場では、田辺湾に浮かぶいけすの中で、数千のクエが育てられている。餌をまくと、深さ五メートルの網の底にいたクエが、しぶきをたてて浮上する。体長は六〇センチ程度、体重は五、六キロ。「人工孵化には一九八八年に成功しましたが、育てるのが難しく、養殖が可能になるまで一〇年かかった」と村田修所長は話す。

　地元には、この養殖クエを観光の起爆剤に、との期待があった。安定供給に見通しが立ち、数年前に関係者で試食会を開いたが、「脂がのっていない」「身が水っぽい」などと酷評を受ける。

「当時は体重三キロ程度でしたが、もっと大きくする必要がある。成長を早めるには、水温の高い海が向いているとわかった」

　一五センチ程度になった稚魚を、奄美大島にある近大の実験場に移したところ、成長が一年以上早まった。

「生まれて四、五年で五〜六キロになった。再度、試食会を開いたら『これはいける』となりました」

　そこで、白浜の旅館やホテルに本格的に供給を始めたのが二〇〇七年。天然ものより価格は安く、さっそく経済効果が表れたという。

「もちろん天然の魚は素晴らしい。一方、養殖なら旬ではない時期にも供給できる。補い合っていければと思っています」と村田所長は話す。

日高町内に残る熊野古道の石畳。近くに生える黒竹は日本一の生産量だ

冬

カモ　武士の猟、夕闇の勝負

石川　加賀市

風を切る金属音のようなかすかな羽音に気づいた時、もう何本もの網がふわりと宙に舞っていた。カモの群れは、わき上がるように頭上の藍《あい》色の空に広がっている。一羽が網にかかってばさばさと地に落ち、猟師が慌てて駆け寄っていった。

加賀料理「治部煮《じぶに》」に欠かせない冬の渡り鳥カモ。粉をまぶした薄切り肉を季節の野菜とともにいただく椀《わん》は、冷えた体を腹の底から温めてくれる。日本海にほど近い、石川県加賀市の片野《かたの》鴨池《かもいけ》では、網で捕る独特の「坂網《さかあみ》猟」が三〇〇年続く。

池は小高い丘に囲まれており、「坂場」と呼ばれる猟場が幾重にもある。夕暮れ時、そこで猟師たちは高さ四メートル、重さ八〇〇グラムほどのY字形の網を構える。「夜に落ち穂や雑草を食べるカモは、湿田などを目指して丘を越える。それをめがけ、人さし指一本で一〇メートル以上投げ上げる」と、この道三〇年以上の浜坂亥健雄《いけお》さん（61）。カモがかかるとY字の要から網がはずれ体に巻き付く仕組み。辺りが闇に包まれ、最後の群れが飛び終わるまでの一五分ほどが勝負だ。

「風向きと羽音で瞬間的に判断して、カモにぶつけるつもりで網を投げる。見えてからでは遅いんや」。祖父の代からカモ猟師で、仲間から「名人」と慕われる小坂外喜雄《ときお》さん（63）が極意を語る。

鉄工所を経営する浜坂さんは弓道六段、ナシ農家の小坂さんは柔道三段。生業を別に持ちながらの猟には、集中力と動物的な勘や反射神経、そして腕力が必要だ。

そもそも加賀藩から分封して当地を治めた大聖寺《だいしょうじ》藩が、武士の鍛錬として始めた猟。冬場に周囲の湿地や水田にも水を張って鴨池を広げ、渡り鳥を待つのも当時からの慣習だ。カモのふんは田の栄養となって米をおいしくした。

明治期に坂網猟が庶民に開放されると組合が作られ、以来銃による乱獲は禁じている。戦後、連合国軍総司令部（ＧＨＱ）の将校らが銃猟に来たが、当時の組合長が本部に直訴してやめさせた。

今も猟期は一一月から三か月間だけ。二十数人の組合員は池周辺の草刈りや里山の手入れ、密猟の監視なども担う。人と自然、野鳥がかかわりあって生態系が維持されてきたことが評価され、鴨池は一九九三年、琵琶湖とともにラムサール条約の登録湿地となった。

「全部つながっているさけ」。浜坂さんの言葉には、自然に連なり、いのちに感謝して生きる、坂網猟師の誇りがにじんでいた。

冬の薄日が暮れるころ、丘を飛び越えていくカモの群れめがけて、猟師たちは網を投げ上げる

楽園保存へ市民一体

片野鴨池は野鳥の楽園だ。冬場に一〇ヘクタールほどになる池に、マガモ、コガモ、ハシビロガモなどのカモ類やマガン、ヒシクイが北方からやって来る。希少種トモエガモの日本最大級の飛来地で、年間では二〇〇種以上を観察する。池のほとりに市が「日本野鳥の会」(本部・東京)に運営委託する加賀市鴨池観察館がある。

「昔はカモが何万と来ていたもんや。冬の貴重なたんぱく源で、昭和の初めまで、アオクビ(マガモ)のつがいは正月のお供えや結婚式の引き出物やった。今は三〇〇〇羽がせいぜいやな」と、レンジャーの下野伝吉さん(78)が残念がる。減反などでカモのエサ場となる水田が減ったことが原因だ。猟師一人で猟期に二〇〇~三〇〇羽は捕れたのが、今は全体でもその数に届かない。

かつて三〇〇人を超えた猟師も減り続け、後継者難に悩む。一〇年前には市民が中心となって「坂網猟保存会」が生まれた。下野さんはその事務局長でもある。猟文化を守り伝えようと、猟師への聞き取りや資料の保存、講演などを行う。

観察館はカモを呼び戻そうと、市民や農家に呼びかけて「ふゆみずたんぼ」作りに取り組む。池周辺の田に冬も水を張り、米を育てて販売する。野鳥の会の田尻浩伸さん(35)は「カモのふんのおかげで肥料や農薬が半分で済み、おいしいと評判です。農家に少しでもプラスになり、たんぼが増えればいいのですが」。

坂網猟を幻にしたくないのは、猟師からカモを買う料理店も同じ。空腹の状態で捕った坂網のカモは、弾で傷ついてもいないため、内臓や血の臭みがないのだ。一二月過ぎには

片野鴨池で休息するマガモやヒシクイ

寒さとエサで太って脂ものってくる。「ばん亭」の主人、水口清隆さん(60)は「肉をベストの状態で食べてもらいたくて」と、治部煮をアレンジした「鴨治部鍋」を考案した。

皿に盛られたマガモの肉は鮮やかな赤。土鍋にしょうゆ味のだし汁を入れ、煮立ったら、小麦粉とかたくり粉をまぶしたロースをさっとくぐらせワサビをのせる。熱々のレアは表面はすべすべ、中はとろりと柔らかい。粉で閉じこめた肉のうまみがふわりと口に広がった。「天然ものは脂に嫌みがないんですよ」

「ばん亭」の水口清隆さんが考案した鴨治部鍋

続いて野菜、そして手羽やモモを煮込む。こちらは炊けば炊くほど味が出る。はふはふ食べ進むにつれ、体のすみずみまで滋養が行き渡っていくのを感じた。酒を飲みに店を訪れる猟師たちにアドバイスを受けながら作り上げた鍋だという。

坂網猟を育んだ大聖寺藩。城下町を歩けば、石高わずか一〇万の小藩がいかに深い懐を持っていたかが分かる。加賀の伝統工芸である九谷焼の発祥の地でもあり、石川県九谷焼美術館では、古九谷から再興九谷まで、産業振興策として花開いた九谷焼の魅力を味わえる。藩主の菩提《ぼだい》寺、実《じっ》性院《しょういん》や芭蕉が訪れた全昌寺《ぜんしょうじ》が並ぶ山の下寺院群も見どころだ。小さな町に息づく豊かな文化に、心まで温められる思いがした。

全昌寺では、町民が寄進した表情豊かな五百羅漢が迎える

冬

そうめん

北風が育む、白い糸

奈良　桜井市

作業場に足を踏み入れると、小麦粉のちょっと青臭い、露草のような甘い香りがした。

背丈より高い「機《はた》」と呼ぶ台の両側に差し込まれた棒に、おびただしいめんが引っ掛けられている。

棒の上下の間隔が開くたび、めんは少しずつ細く延びる。糸のような線が幾重にも交差する、摩訶《まか》不思議な幾何学模様。見上げた天井で、いかつい扇風機がゆったり回っていた。

そうめん発祥の地として知られる、三輪山のふもと。田んぼや畑の間に立ち並ぶ瓦屋根の民家の一軒で、吉岡武治《たけじ》さん（73）、マサ子さん（68）夫妻が、朝早くからめん作りにいそしんでいる。

両手に持った手製の竹棒をめんの間に差し込み、めん同士がくっつかないように素早く左右へさばく。お見事！

包丁を使わず生地を少しずつ延ばす手延べは、日本のめん作りの最古の姿を伝えるとされる。湿気が多いとめんにコシがなくなって切れやすいため、北風で乾燥するこの季節が作業の最盛期だ。いくら寒くたって湿気を飛ばす扇風機は止められない。

この道五〇年の吉岡さんは、明治時代から続くめん職人の家の三代目。米作りの傍ら一二月から三月にかけ、めん作りにいそしむ。

「子供の折から様子を見てまっしゃろ。学校から帰ったら手伝わされて、いつの間にやら覚えてしもた」と笑う。

作業場から屋外に出されためんは、日を浴びて次第に卵色から乳白色へ変わっていく。

高さ二メートル、幅五〇センチに

めんを少しずつ延ばしながら、竹棒で巧みにさばいていく吉岡武治さん

わたり上下の棒に巻かれためんをほどくと、全長は二〇〇メートルになる。ひと塊の団子状の生地から糸のようなめんを編む業に、手仕事の素朴な尊さがある。

干し上がる前の切れ端を口にすると思いのほか塩気を感じる。気温や湿度によって微調整するこの塩の量が、手延べ作業に欠かせないめんの固さや粘り気を生地に与える。「めん作りは自然相手。毎晩天気予報を見て、暖かくなると思ったら塩を少し余計に入れて生地を固くしたり、昔ながらの経験と勘が頼りや」

風にさらさらとなびくめんの乾き具合を手で確かめ、吉岡さんが目を細めた。「加減良う出来た日は気持ちがいい」。奥の部屋ではマサ子さんが次の日に干す生地を延ばし始めている。

万葉人も見た「お山」

市内のどこを歩いても、なだらかな山すそを広げる三輪山の姿が目に入る。標高四六七メートルと小ぶりながら、古来あがめられてきた円すい形の山容は美しい。

ふもとにある大神《おおみわ》神社は、古い信仰の形を今に残す日本最古の神社とされる。ご神体は三輪山そのもの。高くそびえる杉に覆われ、昼でも薄暗い参道の砂利を踏むと、しんとした空気に思わず息を潜めた。

お山の神様は、地元では「明神さん」と親しまれている。神社の権禰《ごんね》宜《ぎ》、山田浩之さんは「『お山が見てござる』という言い回しがあります。我々は三輪山に見守られながら、日々生活しているんです」と語る。

実はこの神社、そうめんとも縁が深い。伝承では、約一二〇〇年前、神主が飢饉《ききん》の際の非常食として小麦粉を棒状に練ったものがそうめんの起源という。

綿実油を手で塗りながら、めんを少しずつ細くしていく（吉岡武治さん宅で）

「そうめんは、めんの製法が究極まで行き着いたもの」。一七一七年創業の大手、「三輪そうめん山本」の山本太治《たはる》社長は解説する。仏教伝来と同じ頃に中国南部から伝わっためん作りは、小麦の栽培に適した気候や、水車製粉に必要な川に恵まれたこの地に定着。江戸時代には、お伊勢参りの途上で訪れた人々が技術を学び、播州（兵庫県）や小豆島、島原へと伝わっていった。手延べの稲庭うどん（秋田県）も、ルーツをたどればそうめんに行き着くとか。

社内の「三輪茶屋」で、温かいにゅうめんを味わった。細いのに、一本一本のめんに確かな歯応えがある。かみ切るときの感触は、「ざっくり」とでも表現したくなる。

使われているのは倉庫で三回梅雨を越した「大ひね」と呼ばれるめんだ。熟成させることでコシが強まり、煮崩れしにくくなる。だが、これ以上寝かせると固くなり過ぎるという

大神神社の大鳥居の向こうに、なだらかに横たわる三輪山。古くから信仰の対象とされてきた

から、まさにぎりぎりの頃合いだ。

奈良県の手延べそうめん出荷量は、二〇〇七年度で四一四〇トン。全国の五万四〇〇トンに比べ多くはない。それは大量生産に向かない伝統製法を守ってきたからこそ。「ここが元祖、という誇りは持っている」。三輪素麺工業協同組合の寺田裕彦理事長が力を込めた。

大和川のほとりから、日本最古の道といわれる「山の辺の道」を歩いた。石仏や神社、歌碑などが続く道沿いの景色は変化に富み、飽きさせない。残り柿の赤が、冬枯れの景色にアクセントを加える。秋に歩いたならば、さぞかしきれいだろう。

一時間ほどで檜原《ひばら》神社にたどり着いた。西を向くと眼下に大和平野が広がり、正面に二上山、左手には大和三山が見える。どれがどの山だろう？　正解は右から耳成《みみなし》山、畝傍《うねび》山、天香久山。神社の入り口にある案内板に、ちゃんと書いてあった。

万葉人も目にしただろう山の姿を眺めていると、この里に流れてきたはるかな時が実感できるように思えた。古代から途切れずにきたそうめん作りも、細く長く、続いていく。

大神神社の参道脇にある土産物店などでは、そうめんの「ふし」も売っている。めんを干した後に残る切れ端。みそ汁や雑炊に入れるか、油で揚げれば酒のつまみにも

冬

和三盆　ふわり甘く、職人の技

徳島　上板町

瓦屋根の古い建物。広くて寒い土間の中で、そこだけは湯気が立ちそうに熱気を帯びている。

木の台にかがみこんで二人の男性が塊をこねる。ひとつは薄茶色、もうひとつは白に近い。ときおり水を掛けながら、陶芸家が土を練るように、一心にこねる。

ここは徳島県東部の上板町、岡田製糖所の作業所。「和三盆」作りの最中だ。

和三盆とは、江戸時代からの伝統的な手法で作られる砂糖の一種。白砂糖よりきめが細かく、口に含むとふわりと溶ける。優しい風味は、全国の老舗の和菓子店から高級素材として珍重されてきたが、今では徳島県と香川県の一部でしか作られていない。

こねられた塊は、やがて薄く伸ばされ、麻の布に包まれて、「押し槽《おけ》」と呼ばれる木箱の底に重ねられる。天井からつるされた丸太の先端に、荒縄で十数キロもある石をぶらさげると、丸太は槽のフタを押し下げ、ぎしぎしと音を立てる。仕組みは日本酒のてんびん搾りと同じ。ただし、酒造りでは搾り出した液体が製品になるが、こちらは残った中身が大切だ。

「水で研いでは、石で圧をかけて一晩置く。五回繰り返すと、糖蜜が抜けて白くなるんです」

職人のひとり、坂東永一さん(58)は話す。坂東さんたちの作業は「研ぎ」。サトウキビの搾り汁を煮詰めた黒砂糖である「白下糖」から、不純物を含んだ糖蜜を取り除く仕上げの工程だ。研ぎが終わると自然乾燥してできあがり。

坂東さんは、会社勤めをやめ、六三年にわたって和三盆を研いだ父から二〇〇五年に仕事を引き継いだ。父の仕事場として慣れ親しんではい

和三盆を研ぐ坂東永一さん。研ぎを重ねて色が白くなっていく（徳島県上板町・岡田製糖所で）

たが、やってみると初めて気づくことばかりだった。

「スタートが遅かった分、厳しく仕込まれましたが、伝統を守れるのがうれしい。おやじの苦労が今になってわかります」

もうひとりの研ぎ職人、田村守さん（45）は経験二〇年以上のベテラン。

「原料や炊き具合によって、色やざらつき加減が違うので、それに合わせて研がなければいけない。何年やっても難しいです」

サトウキビの搾り汁を白下糖に炊きあげる作業も、手仕事で行われる。地元でサトウキビが収穫される一二月に作業を始め、釜炊きは二月まで。研ぎはその後も続く。

阿波の冬の深まりとともに、和三盆作りも佳境を迎えていく。

独自のサトウキビ磨く

和三盆の原料となるサトウキビは、「竹糖」と呼ばれる。沖縄など南国でとれるサトウキビに比べると背丈は低く、茎も細い。岡田製糖所の岡田和広社長は「大切なのは原料。このサトウキビの風味の良さを、できるだけそのままに凝縮したいと考えています」と話す。

九州沖縄農業研究センター種子島試験地の寺内方克主任研究員によると、四国で栽培されるサトウキビはシネンセ種といい、「江戸時代に中国から沖縄を経由して入ってきた在来種です。一般のサトウキビ（オフィシナルム種）とは別の品種」。沖縄産の黒糖を研いでも、和三盆と同じ味には、おそらくならない。

上板町では、一八世紀後半に丸山徳弥という人物が日向（現在の宮崎県）から苗木を持ち帰ったのがサトウキビ栽培の起源と伝えられる。その数十年前、徳川八代将軍の吉宗が砂糖の生産を奨励し、各地で作られるようになった。

「竹糖」と呼ばれるサトウキビは、根に近い方が甘いため、引き抜いて収穫する

県東部にある上板町は、鳴門市の霊山寺に始まる四国八十八札所の順路にあたり、町内には第六番札所の安楽寺がある。

一二月になっても、バスで寺を訪れたお遍路さん（地元では「お四国さん」と呼ぶ）たちが大師堂を拝んでいる。春や秋には徒歩での巡礼者も多い。町内で菓子店を営む瀬部好史さん（45）の店はその通り道に面しているが、「不況の影響か、ここ数年、急にお四国さんが増えました」という。

吉野川流域の平野部から、香川県との県境の山地まで南北に延びる上板町の中間あたりに岡田製糖所は位置する。周囲のなだらかな斜面には、背の高いサトウキビ畑が目につく。栽培している契約農家は五〇軒ほど。収穫していた井上昭さん（61）は、「今年は台風は来なかったが、雨が多くてよく育った」と話す。

「この畑の地主は甥ですが、本人は勤めに出て、私の姉がキビを作っている。専業農家は少なく、耕作しているのは年寄りばかりです」

今は数軒の製糖所を残すのみだが、かつては多くの農家で砂糖が作られていた。

といっても、地元の農民だけで作っていたのではない。サトウキビの収穫期になると、県西部の山岳地帯から職人たちがやってきた。

「日本酒の杜氏《とうじ》のようなシステムでした。戦前までは、サトウキビを搾る石臼を引かせるための牛を連れてやってきたそうです」と岡田社長。白下糖を作る際の火加減は、長く経験を積まないと難しいという。

3つの釜でサトウキビの搾り汁を煮詰めていく。これを冷やした白下糖が、和三盆の原料になる（岡田製糖所で）

岡田製糖所でも、研ぎ職人は近隣の人だが、サトウキビを搾って釜炊きする「締め子」は、数年前までは七、八人がやってきて、住み込みで作業をしていた。だが職人たちも高齢化が進み、この冬やってきたのは二人だけ。地元の人々を指導しながら作業を進めている。

独自の原料、それを育てる人々、加工する人々。どれを欠いても和三盆の独特の味は成り立たない。

瀬部製菓の「和三盆糖クッキー」やバターケーキ「和三盆」

冬

サフラン　万能の花咲く夜明け

　標高一〇〇〇メートル近い大地は早朝、気温零度を割った。青空の下、冷気が足元からはい上がってくる。

　テヘランから東へ九〇〇キロ、イラン第二の都市マシャド郊外。乾いた土から紫色のかれんな花をのぞかせるのは、アヤメ科クロッカス属のサフランだ。清らかな芳香に鼻孔がくすぐられた。農場主のモハメッド・タギ・アフサーパナーさん（60）は「寒さで今年は花が少なくて」と顔を曇らせる。

　パエリヤやブイヤベース、カレーなど、黄色い色づけや甘い香りで南欧やインドの料理に欠かせないスパイスは、この花の赤い雌しべを乾燥させたものだ。晩秋、夜明けとともに咲く花をスカーフ姿の女性たちが摘み取っていく。

　イランはサフランの原産地。現在も一〇〇トン以上生産し、世界の生産量の九五パーセントを占める。昼夜の寒暖差と乾燥した気候が適し、マシャドを中心とするイラン北東部ホラサン地方が主産地だ。

「サフラン？　どんな料理にも使うよ。高価だけど、おもてなしにはふんだんにね」「紅茶にひとつまみ入れて毎日飲んでいるわ。気分がよくなるの」「外国にいてもにおいが郷愁をかきたてるんだ」。誰に聞いてもサフランへの思いが口を突いて出る。

　医食同源の考えから、体を温める食材という。水で溶いて野菜やヨーグルトと混ぜてチキンを漬け込んだり、マトンのミンチに練り込んだり。こうして串刺しのケバブを焼くと肉のうまみに香気が加わる。サフランライスは干し草のような香ばしさが食欲を誘う。

　だが、なぜ今イランが世界一なのか。輸出大手ノビン・サフラン社のアリ・シャリアティ・モガダム社長

サフランは夜明けの光で花を開く。摘み取り作業は日の出とともに始まる（マシャド郊外で）

（42）から意外な答えが返ってきた。「一九七九年のイスラム革命がきっかけです」

諸外国との関係悪化で通貨が下落し、価格が当時のライバル、スペイン産の半値になって国際競争力が増した。富の平等を目指す政策で農村部のインフラが整備され生産人口も増加、業者は五社から三〇社に増えた。「皮肉なことかもしれませんけどね」と複雑な心情ものぞかせる。業界内に品質管理の徹底を呼びかけている。

厳格なイスラム主義やインフレの進行、国際社会での孤立。この国は革命の理想と現実に揺れ続ける。だが、サフランが庶民の暮らしを彩り、命を支えるスパイスであることに変わりはない。

サフランの花言葉は「歓喜」だ。

歓喜の香り、聖地の祈り

マシャドの南、ガエンのタルバンド・サフラン社の工場を訪ねた。雌しべを抜き、室温六〇度の乾燥機で二時間ほど乾かす。ピンセットで一つずつ不純物を除き、計量、パッキング。〇・五グラムごと容器に入れる細かい作業もある。

おしゃべりをしながらサフランを摘む女性たち。白い頂の向こうはトルクメニスタンだ

　原料となる赤い雌しべは、一つの花に三本だけ。さらにその先端部分のみを使うとあって、一グラムを取るのに一七〇もの花を要する。モフセン・エヘテシャン社長(47)は「温度や湿度、保存性など徹底的にチェックして高品質にこだわっています」と胸を張る。安全・品質管理の国際規格「HACCP」「ISO」の承認も受ける。

　サフランは世界で最も古い香辛料の一つ。アケメネス朝ペルシャ（紀元前五五〇～同三三〇年ごろ）の遺跡ペルセポリスの壁画には、火でたいて香りを楽しむ様子が描かれており、クリームや化粧品、鎮痛剤として使われたという記録も残る。シルクロードを経てインド、中国へ、イスラム教徒によりスペインにもたらされた。中世にはスパイス貿易でもてはやされ、日本にも江戸時代に伝わった。

　最近は薬効が科学的にも証明されつつある。マシャド医科大学薬学部長のホセイン・ホセインザデ教授

ラムチョップ６個を大胆に串刺しにした地元名物シャンディーズケバブとサフランライス

（46）は「サフランは悲しみを癒やします。神経に作用し、抗うつや記憶障害回復の効果がある。抗がん作用も研究中です」。

血の巡りをよくし、生理不順や更年期障害にも効くという。漢方薬として注目する千葉大学環境健康フィールド科学センターとの共同研究を進める。石油以外の輸出にも力を入れるイラン貿易振興機構と日本の財団法人・中東協力センターが共同で、商品開発などに関心を持つ企業向けセミナーも開催している。

マシャドは国教シーア派の聖地で、殉教した第八代イマーム（宗教指導者）のイマーム・レザー（七六五～八一八）が埋葬されている。二五〇万人の人口が、国内外から訪れる巡礼者で時に五倍以上に膨れあがる。買い物客でにぎわう市場「バーザーレ・レザー」は、サフラン屋と礼拝用品店が軒を並べる。

ハラメ・モタッハル広場の中で夜空に輝くミナレット（塔）

ハラメ・モタッハル広場の中心にある黄金のドームがレザー廟《びょう》だ。夜はライトアップされ、宝石のようにきらめく。女性の全身を覆うチャドルを借り、モスクに入った。外壁はブルーのタイル細工。ペルシャじゅうたんが敷かれた内部の壁は鏡のモザイクが美しい。温かく居心地のいい空間に祈りの声が充満する。奥へ近づくにつれ歩くすきまが見つからず、棺に触ろうと殺到する人々の熱気に圧倒された。

気づくと同行のモニカ・アドナンさんが嗚咽《おえつ》をもらしていた。英語力を生かし、邦人企業などで一〇年以上働くワーキングウーマンの彼女も敬虔《けいけん》なイスラム教徒なのだ。「自然に涙が出るのよ。私たちはノーマルプレイヤー（日々祈る人）だから」。歓喜のサフランと深い信仰。ともに、この国の人々の心のよりどころなのだろう。

「冬」の食べ歩き情報

【ダイコン】
東京・練馬区
≪アクセス≫
渡戸さんの畑のある平和台駅までは、東京駅から地下鉄丸ノ内線、有楽町線を乗り継いで約 40 分。練馬区の中心、練馬駅は丸ノ内線、西武池袋線を乗り継いで約 40 分。
≪問い合わせ≫
練馬区都市農業課
☎ 03・3993・1111

練馬区では、区にちなんだ名産品を集めた「ねりコレ」を選定している。その一つが「練馬大根まんじゅう」。和三盆などを使った上品な味が魅力。
大根本舗栄泉
☎ 03・3924・8499

【マグロ】
東京・築地
≪アクセス≫
築地市場へは地下鉄が便利。正門まで築地市場駅から徒歩2分、築地駅から同10分。
≪問い合わせ≫
東京都中央卸売市場築地市場
☎03・3547・8011
築地市場協会サイト「ザ・築地市場」
http://www.tsukiji - market.or.jp/

【フナ】
滋賀・高島市
≪アクセス≫
東京駅から新幹線で京都まで2時間20分。JR湖西線で近江高島まで40～50分。
≪問い合わせ≫
びわ湖高島観光協会
☎0740・22・6111
喜多品老舗
☎0740・36・0031

【クエ】
和歌山・日高町
≪アクセス≫
羽田から南紀白浜空港まで1時間10分。白浜駅から紀伊内原駅まで45分。新大阪駅からは2時間前後。
≪問い合わせ≫
日高町商工会(日高町旅館民宿組合)
☎0738・63・3535
日高町観光協会
☎0738・63・3806

【レンコン】
石川・金沢市
≪アクセス≫
羽田から小松空港まで1時間、金沢駅までバスで40分。
≪問い合わせ≫
JA金沢市アグリセンター中部松寺
☎076・237・0123
金沢市観光協会
☎076・232・5555

【ノリ】
佐賀・佐賀市周辺
≪アクセス≫
羽田から佐賀空港まで2時間。市中心部までバスで35分。
≪問い合わせ≫
佐賀県有明海漁協
☎0952・24・3351
サン海苔(同漁協の販売会社)
☎0952・24・6191
佐賀県観光連盟
☎0952・26・6754

【アンコウ】
茨城・北茨城市
≪アクセス≫
上野駅から常磐線特急などで大津港駅まで2時間から2時間半。
≪問い合わせ≫
北茨城市観光協会
☎0293・43・1111
やまに郷作
☎0293・46・1178

【サフラン】
イラン・マシャド周辺
≪アクセス≫
成田からテヘランまではソウル経由便で 13 時間。マシャド空港へは国内便で 1 時間半。鉄道なら十数時間かかる。イラン滞在にはビザが必要で女性はスカーフ着用。
≪問い合わせ≫
イラン大使館
☎ 03・3446・8011

マシャドのノビン・サフラン・ショップでは、真っ赤なサフランを小さな缶やプラケースに詰めた愛らしい商品が並ぶ。日本の商社「サービスセンター」(☎ 03・3808・2151) で一部商品を扱っている。

【カモ】
石川・加賀市
≪アクセス≫
羽田から小松空港まで約 1 時間。JR 小松駅までバスで 12 分、北陸線で大聖寺駅まで 16 分。
≪問い合わせ≫
加賀市観光情報センター
☎ 0761・72・6678
ばん亭
☎ 0767・73・0141
鴨池観察館
☎ 0761・72・2200

【そうめん】
奈良・桜井市
≪アクセス≫
東京駅から新幹線で京都駅まで 2 時間 20 分。京都駅からは近鉄、JR を乗り継いで三輪駅まで 1 時間半。
≪問い合わせ≫
三輪素麺工業協同組合
☎ 0744・42・6068
三輪そうめん山本
☎ 0744・43・6661

【和三盆】
徳島・上板町
≪アクセス≫
羽田から徳島空港まで 1 時間 20 分、徳島駅までバスで 30 分、板野駅まで特急で 15 分。板野駅から上板町まで車で 15 分。
≪問い合わせ≫
岡田製糖所
☎ 088・694・2020
瀬部製菓
☎ 088・694・2357

あとがき

「生き方を変えないと生きていけないなって」。福島県郡山市の米作り名人、古川勝幸さんに久しぶりに電話をすると、懐かしい声が返ってきた。だが、今回ばかりは、「またぼやき節が始まった」などと笑うわけにはいかない。二〇一一年三月一一日の東日本大震災で自宅は半壊し、原発事故による風評で米の注文はすべてキャンセルされたという。「話ベタだけど、みんなに安全だって話していかないと」。これまでは米だけ作っていればいいと考えていたが、放射能について勉強し、全国から頼まれる講演も引き受けるようになった。「福島はもう終わりだな、と思ったこともあるけど、絶対に終わらせない」。とつとつと語る決意の言葉に胸が熱くなった。

「筏も舟も流されて跡形ないですよ」。宮城県女川町で長年ホヤ養殖に携わってきた鈴木康紀さんは、埼玉県内の長女宅に身を寄せていた。津波が自宅を押し流していくのを、避難した高台から目の当たりにした。損害額は五千万円以上。養殖はもうやめようと思う。だが、漁師仲間は再開に向け動き始めた。種苗採取から始め、出荷までに三年はかかる。「希望があればいいが……」と唇をかむ。

東北・三陸地方の漁業を壊滅させた津波は遠く高知県四万十川の天然アオノリや養殖施設にも打撃を与え、福島第一原発事故による放射線セシウムの汚染問題では岩手県久慈市の短角牛も県産牛全頭出荷停止の憂き目に遭った。福岡県朝倉市の柿輸出も風評被害が危ぶまれている。産地だけではない。東北ホップを守り育ててきたビール会社の仙台工場（宮城県名取市）も施設損壊で二か月間操業停止を余儀なくされた。また、記者が訪ね歩いた茨城県北茨城市の岡倉天心ゆかりの六角堂は消失、宮城県石巻市のハリストス正教会も破損。地震と津波は人と風土が形作ってきた風景を容赦なく変えてしまった。

書籍化は、震災前に企画された。被災した産地を掲載すべきか議論を重ねたが、結局、連載当時のまま本に収容することにした。その場所で営々と紡がれてきた食と風土の「ものがたり」は、決して風化させてはならないし、微力ながらも復興に向けた励ましになれば、との願いもある。ほんの数日間ではあっても、収穫の苦労と喜びを共有するなかで生まれた、産地への愛着からである。

末筆ではあるが、貴重な連載の機会を与えてくれた読売新聞社と、個性豊かな記者たちの原稿を辛抱強く面倒見てくれた日曜版の杉山弘、宇佐美伸の前・現編集長に感謝申し上げたい。特にフードライターとしても活躍する宇佐美編集長からは、味の表現や食を巡る背景など多くを教えられた。また、心の中で温めていた書籍化を現実のものにしてくれた八坂書房の畠山泰英さんにはお礼の言葉が見つからない。そして何より、浅学で厚顔無恥な記者たちを相手に、寛大な心で取材に応じてくださった産地の皆様に、心からの謝意を表したい。

二〇一一年、炎暑の東京にて

読売新聞文化部　松本由佳

＊本書は読売新聞日曜版連載「食べものがたり」（二〇〇八年四月六日〜二〇〇九年一二月二七日）を再編集して一冊にまとめたものです。

【執筆陣紹介】

読売新聞文化部

宇佐美 伸（うさみ しん）
本書では、カツオ、フキ、ジュンサイ、酢、マグロを担当
片山一弘（かたやま かずひろ）
本書では、ハチミツ、マダイ、イベリコ豚、ゴマ、マアナゴ、短角牛、柿、イチジク、こんにゃく、トビウオ、カキ、レンコン、ノリ、クエ、和三盆を担当
杉山 弘（すぎやま ひろむ）
本書では、落花生を担当
田中 聡（たなか さとし）
本書では、菜の花、ジャガイモ、サクランボ、ミカン、ダイコンを担当
堀内佑二（ほりうち ゆうじ）
本書では、イチゴ、シイタケ、チーズ、羊、オクラ、ホヤ、アンコウ、フナ、そうめんを担当
松本由佳（まつもと ゆか）
本書では、アオノリ、サワラ、パイナップル、ハマグリ、ウマヅラハギ、ホップ、タコ、チャイ、かんぴょう、米、シシャモ、唐辛子、クランベリー、カモ、サフランを担当

撮影担当：読売新聞写真部
【春】
池谷美帆（菜の花）、林 陽一（ハチミツ）、川口正峰（イチゴ）、本間光太郎（シイタケ）、安川 純（アオノリ）、増田教三（サワラ）、佐々木紀明（カツオ）、森田昌孝（マダイ）、和田康司（イベリコ豚）、田中秀敏（チーズ）、立石紀和（ジャガイモ）、繁田統央（羊）
【夏】
青山謙太郎（サクランボ）、冨田大介（フキ）、池谷美帆（ジュンサイ、ホヤ、短角牛、ホップ）、鷹見安浩（オクラ）、宮坂永史（ゴマ）、秋山哲也（パイナップル）、加藤学（ハマグリ）、宇那木健一（マアナゴ）、米山 要（ウマヅラハギ）、安斎 晃（タコ、チャイ）
【秋】
久保敏郎（柿）、原田拓未・大久保忠司（イチジク）、田中成浩（ミカン）、関口寛人（落花生）、中村光一（かんぴょう）、三輪洋子（こんにゃく、米）、府川勝美（酢）、伊藤紘二（シシャモ）、貞末ヒトミ（トビウオ）、大原一郎（唐辛子）、小西太郎（クランベリー）、吉岡 毅（カキ）
【冬】
佐藤俊和（ダイコン）、竹田津敦史（レンコン）、板山康成（ノリ）、小林武仁（アンコウ）、金沢 修（マグロ）、前田尚紀（フナ）、森田昌孝（クエ）、岩波友紀（カモ）、伊東広路（そうめん）、永尾泰史（和三盆）、冨田大介（サフラン）

ロゴ・デザイン：モダングラフィティ

食べものがたり —人と風土が紡ぐ味—

2011年 9月25日　初版第1刷発行

著　者　読売新聞文化部
発行者　八坂立人
印刷・製本　シナノ書籍印刷(株)
発行所　(株)八坂書房

〒101-0064　東京都千代田区猿楽町1-4-11
TEL.03-3293-7975　FAX.03-3293-7977
URL.：http://www.yasakashobo.co.jp

ISBN 978-4-89694-980-3